21世纪全国高校创新型人才培养规划系列教材
国家级实验教学示范中心建设专项资助

植 物 学 实 验

贺 晓 燕 玲 主编

中国林业出版社

内容简介

本书将过去教材内容多为验证型的实验,改为验证型、综合型与设计型相结合的实验,比较系统、全面地阐述了植物学实验的基本理论、基本技能和方法。全书共分为三部分:第一部分为植物学基本技能,包括显微镜的构造与使用方法,植物学基本的显微观察技术与方法;第二部分为种子植物个体发育过程中的形态结构特征观察与实验;第三部分为植物各大类群及被子植物分类,包括植物界基本类群的主要特征观察,被子植物代表性科的特征识别与分类。

本书可作为高等农林院校农学及林学类专业的植物学实验课教材,也可作为其他大专院校生物学及相关专业研究生教学用参考书。

图书在版编目(CIP)数据

植物学实验/贺晓,燕玲 主编. —北京:中国林业出版社,2011.8(2023.8重印)
ISBN 978-7-5038-6320-2

Ⅰ. ①植… Ⅱ. ①贺… ②燕… Ⅲ. ①植物学-实验-高等学校-教材 Ⅳ. ①Q94-33

中国版本图书馆 CIP 数据核字(2011)第 180071 号

出　版　中国林业出版社(100009　北京市西城区德内大街刘海胡同7号)
电　话　(010)83143500
发　行　新华书店北京发行所
印　刷　三河市祥达印刷包装有限公司
版　次　2011年9月第1版
印　次　2023年8月第7次
开　本　787mm×1092mm　　1/16
印　张　8
字　数　200千字
印　数　16001~19000册
定　价　25.00元

《植物学实验》编写人员名单

主　编：贺　晓　　燕　玲

编　者：(以姓氏笔画为序)

　　　　王立群　李　红　李造哲　金　洪

　　　　赵金花　贺　晓　嘎日迪　燕　玲

前　言

　　植物学实验是植物学课程学习的重要组成部分，是学习和探究植物学知识、培养植物学科学素养必备的基础。植物学实验应紧密结合理论课程的学习，一方面验证植物学理论知识，另一方面培养学生分析问题和解决问题的能力，更有利于培养学生自主性和创新性学习，提高学生应用知识的能力和科学素养。本书兼顾不同专业对植物学知识、创新型人才培养的需求和大学一年级学生的认知与思维能力，努力帮助学生理解植物个体发育的形态结构特征、植物界不同类群、不同种类植物识别与分类的方法，以及获取相关知识和能力所必需的实验技能。教材按知识模块将实验内容分设为验证型实验、综合与设计型实验两个层次。验证型实验能帮助学生进一步理解和消化课本知识，树立理论源于实践的科学思想。综合与设计型实验可有效地激发学生的求知欲，提高学生分析、解决问题的能力。

　　在 2008—2010 三年的实践教学改革中，本着"强化理论知识，注重能力培养"的教学理念，在实验内容、实验方法、实验设计等方面进行了大胆的改革尝试，重新调整了实验教学大纲，编写了《植物学实验指导》试用教材，并通过草业科学、农学、林学 3 个专业 5 个教改试点班的两轮试用，得到了学生的热情支持和肯定，同时也获取了一些宝贵意见和建议。总结两年来教改试点的经验、教训，并学习兄弟院校实验教学改革的经验，在此基础上，我们对试用教材进行了全面修改，编写出了现在的《植物学实验》教材。

　　本书注重知识的系统性，力求做到编排合理、层次清晰、概念准确、举例典型，体现针对性、实用性、多样性和先进性。语言表述力求规范通畅。全书图文并茂，内容与方法指导具体明确，可操作性强，利于教学。

　　本教材共分三部分：第一部分为植物学基本实验技术与方法；第二部分为种子植物形态解剖；第三部分为植物各大类群及被子植物分类。每次实验所列实验材料和内容较多，以便于不同院校及专业根据具体情况选择使用。

　　本教材的编写分工为：燕玲和李红撰写植物学实验技术及细胞部分；贺晓撰写组织和器官变态；赵金花撰写种子和幼苗；王立群撰写根；金洪撰写茎和叶；嘎日迪撰写繁殖；李造哲撰写系统与分类；全书由贺晓负责统稿。在编写过程中，还得到了教研室其他老师的技术支持：段醇清拍摄和扫描了部分切片，赵淑文对部分图片进行了处理。在此对所有参与本教材审稿、绘图和给予本教材编写以帮助和支持的同志们，表示诚挚的谢意！

　　欢迎兄弟院校使用本教材。由于时间短、任务紧迫，加之编者水平有限，书中的不完善和错漏之处在所难免，恳请各位读者对本书的缺点、错误给予批评指正，以便改进和提高。

编　者

2011. 4. 15

目 录

前 言

绪 论 …………………………………………………………………………… 1

第一部分　实验基本技能 ………………………………………………………… 2

   实验一　光学显微镜的构造和使用方法 ………………………………………… 2

   实验二　植物学基本制片技术 …………………………………………………… 7

第二部分　植物形态解剖部分 …………………………………………………… 11

   实验三　植物细胞的显微结构 …………………………………………………… 11

   实验四　植物细胞的繁殖 ………………………………………………………… 17

   实验五　植物组织的类型及细胞特征 …………………………………………… 22

   实验六　种子的结构及幼苗的形成 ……………………………………………… 32

   实验七　根的形态结构及其发育（一） ………………………………………… 38

   实验八　根的形态结构及其发育（二） ………………………………………… 42

   实验九　茎的形态结构及其发育（一） ………………………………………… 48

   实验十　茎的形态结构及其发育（二） ………………………………………… 53

   实验十一　叶的形态与结构 ……………………………………………………… 59

   实验十二　营养器官的变态 ……………………………………………………… 64

   实验十三　花的形态与结构 ……………………………………………………… 67

   实验十四　胚的发育及种子的形成 ……………………………………………… 72

第三部分　植物系统分类部分 …………………………………………………… 75

   实验十五　植物界的基本类群 …………………………………………………… 75

   实验十六　被子植物分类形态学基础 …………………………………………… 81

   实验十七　被子植物分科 ………………………………………………………… 97

   实验十八　利用工具书鉴定一定区域内的植物 ………………………………… 117

绪 论

一、实验课的教学目的与意义

1. 验证理论知识，把课堂教学中讲授的理论应用到对实际材料的观察中，并加深和巩固所学的理论知识，开发学生的学习能力，启发学生的学习兴趣。
2. 掌握有关植物学实验和研究的基本技术，培养独立工作的能力。
3. 培养独立思考和唯物辩证的思想方法。
4. 培养严肃认真的科学态度与实事求是的工作作风。

二、实验室规则

1. 学生应按时进入实验室，不迟到、不早退，实验时保持安静。
2. 按号使用显微镜和解剖镜，使用前需检查，使用后要擦拭、整理，妥善保护，如发现损坏或发生故障要及时报告指导教师。
3. 爱护仪器和标本，节约药品和水电，损坏物品时应主动向指导教师报告，并及时登记。
4. 室内严禁吸烟，小心使用酒精灯和电炉，注意安全。
5. 要经常保持实验室的整洁，不准随地吐痰和乱抛纸屑、杂物。每次实验结束后，学生要自觉清理好桌面，整理好工具盒，并由值日生轮流打扫卫生。
6. 最后离开实验室的人要负责关灯及锁门。

三、实验课的要求

1. 实验前必须预习"实验指导"的有关部分，了解实验的基本内容，并把需要个人准备的物品带到实验室。
2. 必须提前5分钟进入实验室，做好实验前的准备工作。
3. 指导教师应于实验开始前明确对当天工作的要求并讲解实验操作过程中的重点和难点。实验时，学生需根据实验指导，按要求进行独立操作，仔细观察，认真分析比较，作好记录与绘图。遇有困难时，应积极思考，分析原因，自己排除障碍，实在难以解决时，再请教指导教师。
4. 认真完成并按时呈交实验报告。实验报告书写要求简明扼要，条理清楚。
5. 必须严格遵守实验室规则。

四、实验仪器及用具

1. 每位同学配有1台显微镜；每组配有一套工具（包括解剖针、镊子各6个，刀片、纱布、载玻片、盖玻片若干）。
2. 学生个人自备：实验指导，实验记录本，实验报告纸，HB和2H铅笔各1支，橡皮1块，格尺1把，小刀1把。

第一部分　实验基本技能

实验一　光学显微镜的构造和使用方法

一、目的与要求

① 熟悉光学显微镜的构造与成像原理。
② 掌握光学显微镜的使用方法和保养知识。

二、材料与用品

红绸制片,"上"字制片,显微镜。

三、内容与方法

（一）光学显微镜的构造

光学显微镜是以透射光作为照明光源,用玻璃制作透镜的显微镜。可分为单式显微镜与复式显微镜两类。单式显微镜结构简单,常用的有如放大镜,由一个透镜组成,放大倍数在10倍以下;结构稍复杂的单式显微镜为解剖显微镜,也称实体显微镜,由几个透镜组成,放大倍数在200倍以下。放大镜和解剖显微镜放大的物像都是直立的虚像。

复式显微镜结构比较复杂,至少由两组以上的透镜组成,放大倍数可达1250倍,最高分辨力为0.2μm（1μm=1/1000mm）,是研究植物细胞、组织和器官结构最常用的显微镜（图1-1）。

显微镜的构造可分为保证成像的光学系统和用以安装光学系统的机械系统。

1. 机械系统

（1）**镜座和镜柱**　镜座是显微镜的底座,有方形、圆形等,起稳定和支持整个镜体的作用。内置人工光源型显微镜的镜座是中空的,称为灯室,里面装有显微镜灯。

（2）**镜臂**　镜臂是垂直于镜座的柱状部分,上部向前折伸,为手提之处,连接并支撑镜筒、载物台等机械部分。

（3）**镜筒**　镜筒是镜臂前方中空的金属结构。镜筒上接目镜,下接物镜转换器。从物镜的后缘到镜筒尾端的距离称为机械筒长（国际标准筒长为160mm）,直接影响到显微镜的放大倍数和成像质量。双目显微镜有两个镜筒。

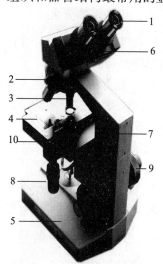

图1-1　双目复式显微镜
1. 目镜　2. 物镜转换器　3. 物镜
4. 载物台　5. 镜座　6. 镜筒　7. 镜臂
8. 标本移动器　9. 调节轮　10. 聚光器

（4）**物镜转换器** 物镜转换器是镜筒下端的圆盘状结构，由两个凹面向上的圆盘构成。上盘固定不动，下盘通过中央的螺旋与上盘相连，可自由转动。下盘上有3~4个圆孔，用来安装不同放大倍数的物镜。转动转换器，可调换不同倍数的物镜。当物镜固定在使用位置上时，可保证物镜与目镜的光线合轴。

（5）**载物台** 载物台为圆形或方形平台，是放置玻片标本的地方。载物台中央有一个通光孔，为光线通路。载物台上安装有玻片标本移动器、压片夹等。

（6）**调节轮** 调节轮装置在镜臂两侧，分大小两种。大的为粗调节轮，转动一圈，载物台升降10mm，使用低倍物镜观察材料时必须先用其校准焦距；小的为细调节轮，转动一圈，载物台升降0.1mm，可精确地调整焦距；主要用于高倍物镜下的观察。

2. 光学系统

光学系统包括物镜、目镜、聚光器、内置光源或反光镜等。物镜和目镜直接参与显微镜的成像，聚光器、虹彩光圈起调节光强度和改变入射光线的作用。

（1）**物镜** 物镜安装在物镜转换器上，由1~5组透镜组成，其功能是聚集来自标本的光线，使标本第一次放大成一个倒立的实像。物镜成像的质量，对分辨力起着决定性的作用。物镜的性能取决于镜口率（或称数值孔径），物镜的镜口率常标注在物镜的外壳上，镜口率数值越大，物镜的分辨率越高，物镜的品质也就越高。光学显微镜通常安装3~4个不同放大倍数的物镜，物镜的放大倍数也标刻在物镜的外壳上，有4×到100×。常用的低倍镜是10×，高倍镜是40×，油镜是100×（使用时以香柏油为介质）。放大倍数越大，物镜越长。

（2）**目镜** 目镜由两块透镜组成，上端的称"接目镜"，下端的叫"场镜"。在两个透镜之间或在其下方，装有金属结构的环状光阑，物镜放大后的中间像就落在光阑平面处，所以可在其上安装目镜测微尺和指针。目镜的功能是将由物镜放大的倒立实像进一步放大并形成一个正立的虚像，而不增加显微镜的分辨力。一般目镜有数个，放大倍数分别是5×，7×，10×，15×等。

（3）**聚光器** 聚光器安装在载物台下的聚光器架上，由聚光透镜、虹彩光圈和聚光器升降螺旋等组成，其作用是将反光镜反射或内置光源照射出的光线聚焦到被检物体上，以得到最亮的照明，使物像获得明亮清晰的效果。聚光器的聚光透镜一般由2~3个凸透镜组成，起汇集光线、加强对被检物体照明的作用。利用聚光器升降螺旋可调节聚光器的高低以使焦点落到被检物体上，从而得到最大亮度。在聚光透镜的下方装有由十几个金属薄片组成的虹彩光圈，其外侧伸出一柄，调节它可以改变光圈的大小，从而调节进光量。

（4）**反光镜或内置光源** 反光镜安装在聚光器的下方，可向各方向转动。反光镜的作用是把光源射出的光线反射至聚光器或通光孔。反光镜分平、凹两面，凹面镜有聚光作用，在光源微弱时使用，如光源充足则用平面镜。现在常用的显微镜镜座中央的灯室内装有人工光源，可通过电流调节螺旋调节电流大小来调节照明强度。

（二）光学显微镜的成像原理

显微镜通过透镜放大被检物体，其成像原理和光路图如图1-2所示。被检物体AB放在物镜（L_1）前方的1~2倍焦距之间，则在物镜（L_2）后方形成一个倒立的放大实像A_1B_1，这个实像正好位于目镜（L_2）的焦点之内，通过目镜后形成一个放大的虚像A_2B_2。这个虚像通过调焦使其落在眼睛的明视距离处，使所看到的物体最清晰，也就是说虚像

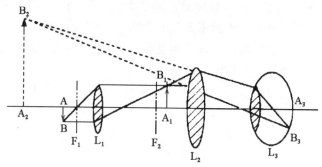

图1-2 显微镜成像原理
AB. 被检物体　L_1. 物镜　A_1B_1. 倒立实像　L_2. 目镜　A_2B_2. 放大的倒立虚像
L_3. 眼球晶状体　A_3B_3. 视网膜上正立像　F_1、F_2. 分别是目镜和物镜的焦平面

A_2B_2是在眼球晶状体的两倍焦距之外,通过眼球后在视网膜形成一个倒立的A_2B_2缩小像A_3B_3。

(三) 光学显微镜的主要性能

显微镜的主要性能包括分辨力、放大率、焦点深度、工作距离、镜像亮度、视场亮度等。

分辨力是分辨被检物体细微结构的能力,即判别相近两点间最小距离的本领。分辨力是衡量显微镜质量的主要根据。低倍镜的分辨力是$1\mu m$,高倍镜为$0.42\mu m$,油镜为$0.22\mu m$。

放大率也称放大倍数,指最终成像的大小与原物体大小的比值。显微镜的总放大倍数可用物镜放大倍数和目镜放大倍数的乘积表示。

工作距离指物镜最下层透镜的表面到玻片标本上表面之间的距离。物镜的放大倍数越大,工作距离越小。低倍镜的工作距离为6.5mm,高倍镜0.6mm,油镜仅有0.2mm。

焦点深度指视野中垂直范围内所能清晰观察到的界限。焦点深度和总放大率和镜口率呈反比。总放大率和镜口率越大,焦点深度越浅。

镜像亮度是显微镜下的图像亮度的简称,指在显微镜下所观察到的图像的明暗程度。镜像亮度与镜口率的平方成正比,与总放大倍数的平方成反比。

视场亮度指显微镜下整个视场的明暗程度,不仅与目镜、物镜有关,还直接受聚光器、光阑、光源等因素的影响。

(四) 光学显微镜的使用方法和保养知识

显微镜是一种结构精密的仪器,使用时必须细心,严格按照规程进行操作。

(1) 取镜　取镜指观察前将显微镜取出并放置在桌面适当位置的过程。取镜时,右手握住镜臂,左手托住镜座,使镜体保持直立平稳,以防反光镜和目镜滑脱甩出。将显微镜轻轻放在实验桌上,一般放在左侧,距离桌边3~4cm处,镜臂对向自己胸前,以便于观察。防尘罩取下、叠好后放在实验桌抽屉中。

(2) 对光　对光指在观察玻片标本前让光线均匀地进入视野的过程。首先选择光源,有内置光源的显微镜需插上电源插座,打开显微镜的电源开关,并利用电源调节旋钮调节光照强度;对于没有内置光源的显微镜,将反光镜朝向光源。旋转显微镜的物镜转换器,使低倍镜转向载物台中央的通光孔。然后,将虹彩光圈调至最大,用双眼从目镜中观察。

同时,注意光源、聚光镜、虹彩光圈的配合使用,不断调节光的强度,使视野内的光线既明亮、均匀,又不刺眼。

(3) **装片**　装片是将玻片标本安放在载物台上并使所观察对象移至通光孔正中央的过程。装片时,先抬升镜筒或降低载物台,在镜头和载物台之间留出便于安装玻片的空隙。装片时要认清玻片的正反面,让有盖玻片的一面朝上,否则用高倍镜观察时无法调焦,而且玻片易被损坏。然后用切片夹将玻片卡紧,转动玻片移动器的螺旋,使欲观察的材料对准通光孔中央。

(4) **低倍镜观察**　观察任何标本时,须先使用低倍镜,因为其视野大,易发现目标和确定要观察的部位。

观察时,首先旋转粗调节轮,使镜头距玻片约5mm处。然后一边从目镜向下观察,一边慢慢旋转粗调节轮,直至视野中被检物体清晰时为止。若镜头已距标本过高,仍看不到物像,则应检查被检物体是否在光轴线上,调整好后,再次放下镜筒或抬升载物台,重新调焦,直至物像出现和清晰时为止。同时注意虹彩光圈和聚光器的配合调整。

为了使物像更加清晰,此时可使用细调节轮,轻微转动到物像最清楚时为止。但切忌连续转动多圈,以免损坏仪器的精确度。当细调节轮转不动时,说明已升降至极限,不可硬拧,需重新调整粗调节轮,使物镜与标本间的距离稍微拉开,然后再旋转细调节轮直至物像清晰。

(5) **高倍镜观察**　当物体需要进一步放大观察时,可进行高倍镜观察。

首先,用低倍镜调好焦距,物像清晰,将需观察的部位移至视野中央。

然后,小心转动物镜转换器,使高倍镜头对准载物台中央,这时物像大致仍在焦点,但并不十分准确,只需稍微旋转细调节轮,即可使物像清晰。转动细调节轮时,只能旋转半圈,不能超过180°。经过调焦仍不能发现物像,应退回低倍镜,检查物像是否在视野中央。将物像移至视野中央后,再换高倍镜,调焦至物像清晰。因高倍镜的工作距离很短,操作时要十分仔细,以防镜头碰击玻片,尤其不可使用粗调节轮。

最后,可通过虹彩光圈或聚光器调节视野内光的强弱,求得反差清晰,形象清楚。

(6) **油镜观察**　在使用油镜前,必须先用低倍镜找到被检物体,再用高倍镜调焦,待被检物体移至视野中央后,再换油镜观察。

使用油镜时,一定要先在盖玻片上滴加一滴香柏油(镜油)。

在油镜下观察标本时,绝对不允许使用粗调节轮,只能用细调节轮调焦。如盖玻片过厚,则不能聚焦,需重新调换,否则就会压碎玻片或损伤镜头。

油镜使用完毕,需立即用棉棒或擦镜纸蘸少许清洁剂(乙醚和无水乙醇的混合液),将镜头上残留的油迹擦去。待香柏油干燥后,很难擦净,且易损坏镜头。

(7) **显微镜使用后的整理**　观察完毕,必须退回低倍镜,然后取下玻片,切不可在高倍镜或油镜下取之,避免擦伤镜头。

放还显微镜之前,应检查其是否清洁,擦拭干净后将镜头、镜臂、聚光器、反光镜等退回原位,放回镜箱内。

(8) **光学显微镜的保养知识**

① 显微镜是精密仪器,操作时动作要轻,不允许随便拆卸。如有故障,应及时报告指导教师处理。不同显微镜之间,不可随便调换目镜或物镜。

② 观察临时制片时,不要让玻片中的水分流到载物台上,更不能使酸、碱及其他化

学药品与显微镜接触。

③ 发现物镜或目镜不清洁时，要用擦镜纸作直线方向擦拭。切不可用手指、手帕、棉布等擦拭，以免划坏或沾污镜头。若镜头上有油污，可先用擦镜纸蘸少许二甲苯擦拭，然后再用干净擦镜纸擦拭。

（五）显微镜的使用操作练习

了解了显微镜的使用方法后，可开始实际操作练习。按要求从镜箱中取出显微镜，首先熟悉显微镜各部分构造的名称、用途和性能，然后进行操作练习。先用低倍镜进行对光练习，注意反光镜或光源、虹彩光圈、聚光镜的配合使用。换至高倍镜，注意其视野亮度与低倍镜下的区别，思考如何调整其亮度。

取"上"字片，倒置于显微镜下，在低倍镜下注意观察字体是正立的还是倒立的，领会显微镜的成像原理；同时体会要使字体前后左右移动，应如何操作玻片移动器。

取红绸制片，先用低倍镜调焦，再换高倍镜观察，注意比较高、低倍镜下视野范围和焦点深度的差异。

四、作业与思考

① 使用显微镜怎样对光？应特别注意哪几点？为什么？
② 使用高倍镜为什么必须用细调节轮调焦？
③ 聚光器有何用处？怎样使用？

实验二　植物学基本制片技术

一、目的与要求

① 掌握玻片标本的基本制作方法，充分认识制片技术是植物科学研究的必要手段，是了解和认识植物细胞组织或器官细微构造、观察形态变化或生理变化的重要方法。

② 培养学生的实验操作技能，提高独立分析问题、解决问题之综合能力。

二、材料与用品

1. 实验器材

显微镜，解剖针，镊子，刀片，载玻片，盖玻片，吸水纸，培养皿，毛笔或滴管，酒精灯。

2. 化学试剂

蒸馏水，番红染液，固绿染液，1N盐酸，碘液，醋酸洋红，叔丁醇，正丁醇，45%醋酸，酒精，二甲苯，中性树胶。

3. 实验材料

洋葱鳞茎，天竺葵叶柄，苜蓿嫩茎，葱花序。

三、内容与方法

1. 临时装片法与实验操作

临时装片法是将新鲜的植物材料（如单个细胞、表皮或切片等）放在载玻片上的水滴中，盖上盖玻片制成玻片标本的方法。此方法制成的标本，可保持材料的生活状态和天然的色彩，一般多作为临时观察使用，也可根据需要经染色制成永久性标本。

取一个洋葱（鳞茎），剥下一片新鲜的肉质鳞叶，用镊子从其内表面撕取一块透明的、薄膜状的上表皮（凹下的一面），再用刀片切取2~3mm见方的小块，迅速将其平整地放入已滴好蒸馏水或碘液（I-KI）的干净载玻片上；若发生卷曲，需用解剖针或镊子将其展开。再用镊子轻轻夹起盖玻片，使盖玻片边缘与材料左边水滴的边缘接触，然后慢慢向下落，放平盖玻片。尽量避免在盖玻片下留有汽泡，同时注意让水分充满整个盖玻片而不要溢出。如果水或染液少，可在盖玻片一侧加滴一滴水液，然后在盖玻片的另一侧用吸水纸把液体吸过去，以使液体布满整个盖玻片。

将制得的玻片标本置于显微镜下观察，检查制片中材料是否平展，结构是否清晰，有无气泡产生等制片效果，并分析其原因。如需短期保存，可滴入10%~30%甘油水溶液，平放在培养皿中，再加盖以减少水分蒸发并防尘。

2. 徒手切片法与实验操作

徒手切片法是从事教学、科研及生产技术工作中最常用的、最简便的观察植物内部构造的方法，无需复杂的设备，仅用普通的双面刀片，即可随时而迅速地观察到植物的生活细胞及各器官内部组织的生活状况和天然的色彩。

徒手切片法仅适合软硬适度的植物根、茎或叶等，材料不宜太硬、太软或太薄。切较软的材料时，可用马铃薯块茎、胡萝卜根或通草作夹持物，将欲切的材料夹住，一起进行切片。有些叶片也可卷成筒状再进行切片。

截取苜蓿嫩茎或天竺葵叶柄一小段，一般面积以不超过 3~5mm²，长度以 2~3cm 较便于手持并进行切片为宜。将材料放入盛有清水的小培养皿中以保持其新鲜。切片时，用左手的姆指、食指和中指捏住修整好的材料，使其垂直向上并稍超出手指，以免刀口损伤手指。右手紧握双面刀片，刀片蘸水以增加刀刃的光滑和粘材料的效果，刀平放在左手的食指上，刀口向内，且与材料垂直，以均匀的动作，自左前方向右后方滑行切片，注意要用整个手臂向后拉（手腕不必用力）。切片时动作要敏捷，材料要一次切成，厚薄均匀，切面完整。连续切下许多薄片后，将薄片轻轻移入盛水的培养皿中备用。然后用毛笔或滴管挑选薄而透明的切片，取出并放在载玻片上，制成临时装片，也可用其制成永久性玻片标本。

将制得的玻片标本置于显微镜下观察，检查制片中切片的厚度、切片的均匀度、材料是否完整、结构是否清晰、有无气泡产生等制片效果，并分析其原因。

3. 压片法与实验操作

压片法是将植物的幼嫩器官，如根尖、茎尖和幼叶等压碎在载玻片上的一种非切片制片方法。主要用于植物细胞遗传学，尤其是染色体数目统计、核型分析等方面。

（1）**取材** 先将洋葱置于盛满清水的广口瓶上培养幼根（将洋葱下部浸入水中，放在温暖处，每天换清水 1 次），3~5 天后，待幼根长出 1~2cm 长时，上午 8：40~9：30 切取其先端约 4mm。此时洋葱根尖细胞分裂最旺盛。

（2）**预处理** 将洋葱根尖放在盛有蒸馏水的小瓶中，放入冰箱冷藏室中 0~1℃ 低温下处理 24h，或将根尖移入 0.002M 的 8-羟基喹啉溶液中预处理 2~3h。

（3）**固定** 用卡诺固定液处理 2~24h，再移入 70% 酒精中保存。

（以上步骤由于实验时间有限可由实验指导教师预先完成）

（4）**解离** 取经过预处理和固定后的根尖若干个，用蒸馏水清洗后移至 1mol 的盐酸溶液中，于 60℃ 温箱中解离 15min，使细胞呈离散状态。

（5）**染色与压片** 将解离后的材料用蒸馏水清洗 2 次，将根尖放在干净的载玻片上，用镊子将此根尖压碎，滴上 2 滴醋酸洋红染液进行染色，加盖盖玻片，用铅笔的橡皮头或镊子柄，对准盖玻片下的材料轻轻敲击，使材料压成均匀的、单层细胞的薄层。用吸水纸吸去溢出的药液，即可在显微镜下观察。此时的细胞彼此分离，清晰可见。若此时细胞核内的染色质和染色体的颜色尚浅，不呈暗红色，可手持玻片标本在酒精灯上微微加热 1~2min，注意保持一定距离，其温度以不灼手为宜，可增进染色和使细胞伸展的效果。必要时可反复烘烤多次，但避免染液沸腾和烘干。如染液烘干，可再补加 1 滴，直到染色体着色清晰为止。如果染色过深，可加 1 滴 45% 醋酸进行分色。此法制作的玻片标本，既可用作临时观察，也可制成永久性玻片标本。

实验过程中，在压片的同时随时进行镜检。将玻片标本置于显微镜下观察，检查制片中细胞的散开度、处于分裂中期的细胞数量、染色体的重叠情况、是否可清晰地观察到染色体的 2 条染色单体和着丝点、染色的深浅等制片效果，并分析其原因。

4. 涂布法与实验操作

涂布法是将材料均匀地涂抹在载玻片上的一种非切片制片技术。适用于植物的疏松组织。现主要用于减数分裂和花粉粒发育的观察和研究。

（1）**取材** 上午 8：00~9：00 摘取大葱幼嫩、绿色、大小不同的新鲜花蕾。

（2）**固定与保存** 将采集的花蕾用卡诺固定液处理 2~24h，逐级换入 95% 和 85% 酒精浸洗，然后换入70%酒精中保存。注意浸洗要干净，以免材料受腐蚀。将固定后的材料置于4℃的冰箱中，随用随取，可作长期保存（以上步骤由于实验时间有限可由实验指导教师预先完成）。

(3) **染色与涂布** 取固定好的材料转入50%酒精或蒸馏水清洗后，取出一个花药置于清洁的载玻片上，加1滴醋酸洋红染液进行染色。为加快染色速度，可手持玻片标本在酒精灯上微微加热1～2min。用刀片切去花药的一端，用镊子夹住花药，用其断面在载玻片上涂抹；或用刀片将花药中部切断，再用解剖针从花药的两端向中部切开处压挤，挤出不同分裂时期的花粉母细胞，并涂抹成一薄层，去掉药壁的残渣，再滴1滴45%醋酸使花粉母细胞软化与分色。盖上盖玻片，用铅笔头或镊子柄轻压盖玻片，使花粉母细胞均匀散开，即可观察。此时细胞核和染色体均被染成鲜艳的紫红色，细胞质无色或仅显淡粉色。此法制成的临时玻片标本，也可经过处理制成永久性的玻片标本。

将制得的玻片标本置于显微镜下观察，检查制片中花粉母细胞的发育状况、是否可清晰地观察到处于各个分裂时期的花粉母细胞、染色的深浅等制片效果，并分析其原因。

5. 永久性玻片标本的制作

(1) **组织切片永久性玻片标本的制作** 在显微镜下挑选适用的徒手切片、表皮组织等，按下列步骤简单处理。

① 固定。将材料放入盛有FAA固定液的培养皿中，处理30min至24h，使其尽可能地保持原有结构与状态。

② 染色。用0.5%～1%番红酒液，染色1～24h，使材料染成深红色。再用50%酒精洗去多余的浮色。

③ 脱水。用70%、85%、95%至100%的酒精逐级浸泡材料1～3min，以减少细胞中的水分。

④ 复染。用0.3%固绿染液染色30s左右，有些材料需延至几分钟（有些材料不必复染）。

⑤ 透明。将材料浸入1/2纯酒精和1/2二甲苯的混合液中，1～2min后，换入纯二甲苯中透明3～5min。

⑥ 封片。经镜检，选取符合要求的材料，置于洁净的载玻片上，滴1滴中性树胶，盖上盖玻片，烘箱中烘干，即可制得永久性玻片标本。

(2) **细胞分裂永久性玻片标本的制作** 在显微镜下进行镜检，选择染色体染色效果好、分散好的临时压片或涂布玻片标本，放无尘处，或加盖的大培养皿中，或36℃干燥箱中风干或烘干后，可用下列方法之一制成永久性玻片标本。

1) 酒精—叔（正）丁醇法 准备4套直径为12cm的培养皿，在每一培养皿中放入一段玻璃棒，按下列编号顺序分别加入以下药液：

① 95%酒精和45%醋酸各半，5～6min；

② 95%酒精，3～5min；

③ 95%酒精和叔（正）丁醇各半，3～5min；

④ 100%叔（正）丁醇，透明3～5min。

操作时，先将临时制片翻转，使盖玻片朝下，浸入①号培养皿中，注意载玻片的一端架在玻璃棒上，呈倾斜状态。经过一段时间，盖玻片自然滑落于药液中。此时用镊子分别将载玻片和盖玻片转移至②号培养皿中脱水，3～5min，再分别转入③和④培养皿中透明各 3~5min，最后取出置于吸水纸上，将有材料的一面朝上，吸去多余的叔丁醇，用尤帕拉尔胶（euparal）或溶于叔丁醇的加拿大树胶封片。

2）冷冻法　在显微镜下镜检。选择染色体染色效果好、分散好的临时压片或涂布玻片标本，放在培养皿中，置于冰箱冷冻室内冷冻 10~15min，或冷冻切片机的制冷台上迅速冷冻。取出后迅速用双面刀片揭开盖玻片（冰箱冷冻时需对盖玻片的位置作标记以便复位），使盖玻片有材料的一面朝上放在载玻片上，一并放入 36℃ 干燥箱中烘干 10~15min，再转入盛有二甲苯的培养皿中透明 3~5min。取出后（在复位标记处）用加拿大树胶或中性树胶封片。

四、作业与思考

① 通过实验操作，你认为几种制片方法最关键的步骤各是哪些？
② 实验过程中，选用染液的原理各是什么？
③ 做临时装片的意义是什么？制片时应注意哪些问题？
④ 做好徒手切片的关键是什么？

第二部分 植物形态解剖部分

实验三 植物细胞的显微结构

一、目的与要求

① 掌握植物细胞在光学显微镜下的基本构造，认识植物细胞的结构特点。
② 了解植物细胞质体的形态特点和分布规律。
③ 了解细胞内贮藏物质的形态与分布特点，掌握各种贮藏物质的化学鉴定方法。
④ 掌握细胞壁的结构特点及鉴定不同性质细胞壁的组织化学方法。
⑤ 观察细胞壁上的纹孔和胞间连丝，充分认识多细胞植物的整体性。
⑥ 学习生物绘图方法。

二、材料与用品

1. 实验器材

显微镜，镊子，刀片，载玻片，盖玻片，解剖针，吸水纸，培养皿。

2. 化学试剂

蒸馏水，碘液（I-KI），苏丹Ⅲ，碘-氯化锌溶液，25%盐酸溶液，间苯三酚，钌红溶液。

3. 实验材料

洋葱鳞茎，紫鸭跖草叶，红辣椒果实，马铃薯块茎，蓖麻种子，向日葵籽，莜麦种子，玉米种子，松树茎制片，柿树胚乳制片，首蓿老茎，夹竹桃叶，脱脂棉。

三、内容与方法

（一）基础型实验

1. 植物生活细胞的基本结构

取洋葱鳞叶的上表皮，利用临时装片法制成玻片标本，显微镜下观察植物生活细胞的形态与基本结构。先用低倍镜观察洋葱鳞叶内表皮细胞的形态与排列状况（图3-1）。选取其中1~2个细胞，换用高倍镜仔细观察典型植物细胞的基本构造，识别以下各结构部分（图3-2）。

（1）**细胞壁** 细胞壁为植物细胞所特有，包围在细胞原生质体的外面，比较透明，因此只能看到细胞的侧壁。在高倍镜下仔细调节细调节轮和虹彩光圈可看到该层细胞壁包括3层：两侧为相邻两个细胞的细胞壁，中间为粘连两个细胞的胞间层。

（2）**细胞质** 细胞质为无色透明的胶状物，紧贴在细胞壁的内侧，被中央大液泡挤成一薄层，仅在细胞的两端较清楚。当缩小光圈使视场变暗时，在紧贴细胞壁部分及细胞核周围，可见有淡黄色、含颗粒物质的部分即为细胞质（为碘液所染）。

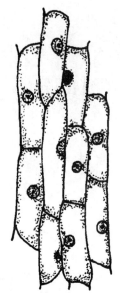
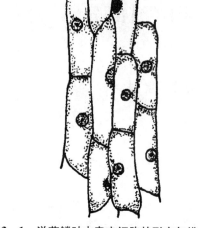

图3-1 洋葱鳞叶内表皮细胞的形态与排列状况　　图3-2 洋葱鳞叶内表皮细胞的结构

（3）**细胞核**　细胞核为扁圆形的小球体，由更为浓稠的原生质组成，总是沉没在细胞质中。由于有中央大液泡的形成，细胞核和细胞质一样也紧贴着细胞壁，并被染成黄色。核内有1~2个发亮的核仁。

（4）**液泡**　液泡在细胞中央，有1个或几个均一的、无颗粒的部分即为液泡，占据了细胞很大的比例，比细胞质更为透明。

2. 植物细胞中质体的观察

质体是植物细胞特有的结构，也是在光学显微镜下所能观察到的细胞器。根据所含色素的不同，质体可分为白色体、叶绿体及有色体3类。

（1）**白色体**　白色体是不含可见色素的无色质体，形状近乎球形，多存在于植物体的幼嫩细胞或不见光的器官中，有些植物的叶表皮细胞中也有（图3-3）。

（2）**叶绿体**　叶绿体是含叶绿素的绿色质体，可进行光合作用，主要存在于植物体的绿色部分，尤其是叶片中。在光学显微镜下可观察到高等植物细胞中的叶绿体为扁圆形或球形（图3-4）。

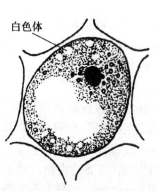
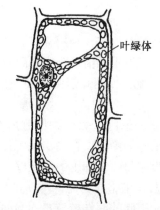

图3-3 大白菜心叶细胞的白色体　　图3-4 黑藻叶细胞中的叶绿体

用镊子撕取紫鸭跖草叶近中脉的下表皮一小块，蒸馏水封片，制成临时装片。显微镜下观察，可见在表皮细胞核周围有许多白色、透明的小颗粒，即为白色体；表皮中气孔的保卫细胞（两个半月形凹面相对的细胞）内有许多体积较大的绿色颗粒，即为叶绿体。

（3）**有色体** 有色体是仅含叶黄素和胡萝卜素的质体，由于二者比例不同，可呈黄色、橙色或橙红色，常存在于成熟的果肉细胞中或花瓣里，形状多样，如圆形、椭圆形、结晶状等（图3-5）。

用成熟的红辣椒果肉作徒手切片，蒸馏水封片，制成临时装片。显微镜下观察，可见果肉细胞中有许多橘红色的颗粒，即为有色体。

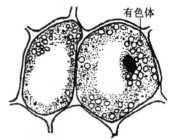

图3-5 辣椒果肉细胞的有色体

3. 细胞壁、纹孔与胞间连丝的观察

（1）**细胞壁的观察** 细胞壁包围在原生质体外围，由原生质体分泌的非生活物质构成。细胞壁由胞间层（或中层）、初生壁和次生壁3层构成（图3-6）。胞间层是相邻两个细胞共有的细胞壁层，初生壁位于胞间层的内侧，次生壁位于细胞壁的最内侧，紧贴质膜。

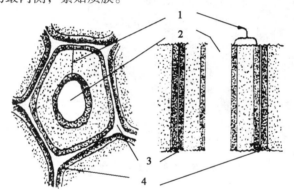

图3-6 细胞壁的分层结构
1. 3层次生壁 2. 细胞腔 3. 胞间层 4. 初生壁

取亚麻茎横切片，在显微镜下仔细观察并识别、判断各细胞壁层。

（2）**纹孔与胞间连丝的观察**

1）纹孔 在植物生长过程中，细胞壁（次生壁）并非均匀增厚，而是有许多不加厚的区域——纹孔。相邻两个细胞间的纹孔常对应而生，形成一对凹穴，称为纹孔对。

纹孔分单纹孔和具缘纹孔两种（图3-7）。

①单纹孔：纹孔腔的直径上下一致。撕取辣椒果皮一块，从内侧将果肉细胞刮净，用

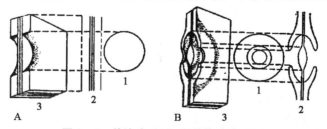

图3-7 单纹孔（A）和具缘纹孔（B）
1. 表面观 2. 切面观 3. 表面观和切面观

蒸馏水封片，制成临时装片。在低倍镜下观察，选择薄而清晰的区域，换高倍镜寻找呈念珠状的两相邻细胞的细胞壁，可见其上有多处发生相对凹陷的部位，即单纹孔对。在凹陷处有胞间连丝从中穿过。实际上，这种增厚的细胞壁仍属初生壁性质，故称原纹孔（初生纹孔场）更为合适。

② 具缘纹孔：纹孔腔的直径上下不一致，次生壁在纹孔口向腔内延伸，形成一穹起物。取松树茎的纵切片，或汲取松树茎木质部的离析材料，制成临时装片，在高倍镜下观察其管胞壁上显著的、呈同心环状的具缘纹孔。

2）胞间连丝　取柿胚乳制片在低倍镜下观察，可见柿胚乳细胞的壁很厚，细胞腔很小，其内的原生质体往往被染成红色或在制片过程中丢失而使细胞腔成为空腔。在两相邻细胞的细胞壁上有许多很细的原生质丝把两个细胞连接起来，这些细丝即为胞间连丝。选择胞间连丝清晰而且较为密集的部位仔细观察（图3-8）。

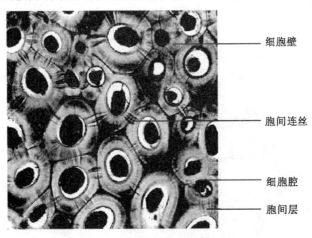

图3-8　柿胚乳细胞的胞间连丝

需明确的是，一般认为柿胚乳细胞是有生活原生质体的"厚壁细胞"，实际上这种组织是一种贮藏组织，与其他贮藏组织的不同之处是将其贮藏的营养物质——半纤维素沉积在细胞壁上，使其细胞壁相当的厚。当种子萌发时，沉积在细胞壁上的半纤维素就会发生酶解而转化为其他糖类，供给幼胚的发育。

（二）综合型实验

1. 植物细胞内贮藏物的观察与识别

(1) 植物细胞内贮藏物质的分类　植物细胞内贮藏物质有淀粉、蛋白质和脂肪3类。

1）淀粉　植物细胞中贮藏的淀粉是以淀粉粒的形成存在的，主要分布在细胞质中。不同植物淀粉粒的形态大小也不同。在淀粉粒中有一暗点，称为脐，围绕着脐点形成有许多明暗相间排列的轮纹。

根据脐的数量和轮纹分布的情况，淀粉粒可分为单粒、复粒、半复粒淀粉粒3种类型（图3-9）。淀粉遇I-KI溶液呈蓝紫色反应，可以此鉴别之。

2）蛋白质　贮藏蛋白质多贮藏于细胞质和液泡中，以蛋白质晶体和糊粉粒形式存在（图3-10）。蛋白质遇I-KI溶液呈黄色反应，可以此鉴别之。

3）脂肪　脂肪多呈油滴状态分布在某些植物种子的子叶或胚乳细胞质中（图3-11）。脂肪遇苏丹Ⅲ溶液呈橙红色反应，可以此鉴别之。

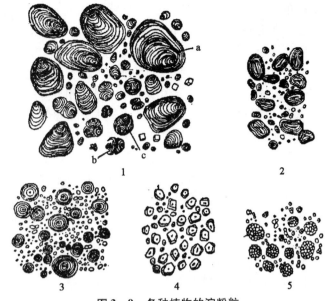

图3-9 各种植物的淀粉粒
1. 马铃薯　2. 豌豆　3. 小麦　4. 玉米　5. 水稻
a. 单粒淀粉粒　b. 复粒淀粉粒　c. 半复粒淀粉粒

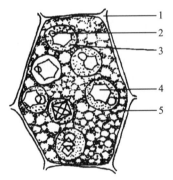

图3-10 蓖麻胚乳细胞内的糊粉粒
1. 细胞壁　2. 球晶体　3. 拟晶体　4. 糊粉粒　5. 脂肪

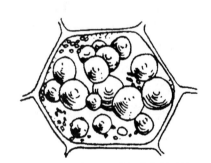

图3-11 椰子胚乳细胞中的油滴

（2）实验操作

① 要求学生课前充分预习植物学实验指导书中相关内容，掌握压片法、涂布法等制片方法，并根据实验内容，由学生自行设计并写出鉴别各类贮藏物的具体实验方案。

② 根据实验方案，将指导教师预备的各种实验材料分别制成临时装片，并置于显微镜下仔细观察。

③ 对观察结果进行分析，根据各实验材料中贮藏物的形态特点、鉴别反应、数量多少等，判断各种植物材料中贮藏物的主要成分，完成实验报告。

2. 细胞壁的性质变化与成分鉴定

（1）**细胞壁（胞间层、初生壁、次生壁）主要成分的鉴定**　胞间层为相邻两个细胞共有的壁层，其主要成分为果胶质，具有黏性和弹性。果胶质在钌红溶液的作用下呈红色反应，可以此鉴别之。

纤维素是细胞壁的主要成分，由它构成初生壁和次生壁的基本框架。纤维素在碘-氯化锌溶液的作用下呈蓝色反应，可以此鉴别之。

（2）**细胞壁性质变化的观察与鉴定** 某些植物细胞在生长过程中，细胞壁纤维素框架内由于不断渗入角质、栓质（脂肪性物质）或木质素（苯基丙烷聚合物）等物质，使细胞壁发生角质化、栓质化或木质化，从而改变了细胞壁原有的性质而具有特殊的功能。

①角质化。可增加细胞壁的不透水性。角质在苏丹Ⅲ作用下呈红色反应。

②栓质化。栓质渗入细胞壁内可逐步使细胞壁不透水、不透气，最终使细胞死亡，原生质体消失，仅留栓质细胞壁。栓质在苏丹Ⅲ作用下呈橙红色反应。

③木质化。木质素渗入细胞壁内填充于纤维素分子的微纤丝之间，可使细胞壁硬度增加，增强了机械支持力量。木质素在间苯三酚和盐酸的作用下呈玫瑰红色反应。

（3）**实验操作** 要求学生课前充分预习植物学实验指导书中相关内容，特别是徒手切片法、临时装片法等制片方法，并根据实验内容，由学生自行设计并写出鉴别细胞壁成分的具体实验方案。

根据实验方案，将指导教师预备的各种实验材料分别制成临时装片，并置于显微镜下仔细观察。通过观察，了解各实验材料中作出相关反应的细胞的分布位置，并根据细胞壁的鉴别反应，对观察结果进行分析，判断各种植物材料中细胞壁的主要成分，完成实验报告。

四、作业与思考

① 绘制洋葱鳞叶表皮细胞基本结构的详图，并注明各部分。
② 植物细胞的显微结构主要有哪几部分？它们的主要功能及相互关系如何？
③ 绘制紫鸭跖草叶表皮细胞图，示白色体和气孔保卫细胞内的叶绿体。
④ 植物细胞内3种质体各有何形态结构特点及生理功能？三者相互关系如何？
⑤ 植物体的茎、叶、花、果之所以显示不同的颜色，是由什么决定的？
⑥ 将贮藏物质的鉴定识别结果填入下表。

序号	材料名称	试剂	反应	鉴别物	成分分析	鉴定结果
1						
2						
3						
4						

⑦ 将胞间层、纤维素、角质、栓质、木质的化学鉴定结果列表总结。

序号	材料名称	试剂	反应	鉴别物	分布位置	鉴定结果
1						
2						
3						
4						

⑧ 什么叫纹孔？单纹孔与具缘纹孔在结构上有哪些区别？

实验四　植物细胞的繁殖

一、目的与要求

① 了解植物细胞繁殖的主要方式，明确不同细胞繁殖方式在植物生长发育过程中的作用。
② 掌握植物细胞有丝分裂的全过程和减数分裂的特征，了解有丝分裂与减数分裂的异同。

二、材料与用品

1. 实验器材

显微镜。

2. 实验材料

洋葱根尖纵切片，水仙根尖纵切片，带根的洋葱或大葱，百合花药横切片，大葱幼嫩花序，小麦的小穗。

三、内容与方法

（一）基础型实验

1. 有丝分裂的观察

有丝分裂是植物生长发育过程中最普遍、最常见的细胞繁殖方式，发生在植物营养器官生长最旺盛的部分，如根尖、茎尖。

有丝分裂是一个连续的分裂过程，根据细胞核的变化特点，可人为地分为几个时期（图 4-1）。

（1）分裂间期　是分裂前的准备阶段。该时期细胞似乎处于静止状态，核仁明显，核质中有分散的染色质，但细胞内部正进行着 DNA 复制、蛋白质合成等一系列生物化学变化。

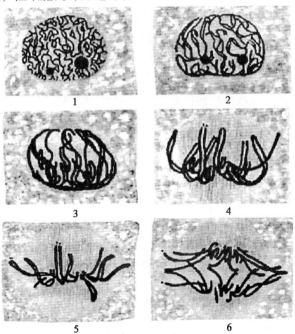

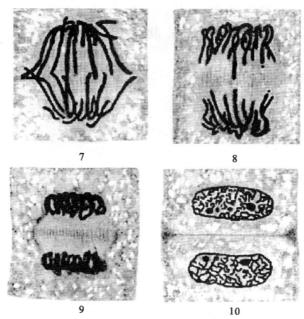

图4-1 有丝分裂的过程
1、3. 分裂前期；4、5 分裂中期；6、7 分裂后期；
8、9 分裂末期；10 两个子细胞

（2）**分裂前期** 是有丝分裂的开始。细胞核内染色质聚集形成颗粒状、细丝状，并逐渐缩短变粗，成为形态清晰的染色体。每个染色体由两条染色单体组成。前期末，核膜、核仁消失，纺锤丝出现。

（3）**分裂中期** 染色体聚集在细胞中央，着丝点排列于赤道板上，纺锤丝通过着丝点联系着染色体，形成纺锤体。

（4）**分裂后期** 每条染色体的两条染色单体从着丝点处分开，彼此分离，成为一个独立的新染色体，并在纺锤丝的牵引下，分别向两极移动，直至到达两极。于是，在细胞两极分别出现一组与母细胞染色体数目相同的子染色体组。

（5）**分裂末期** 染色体分别达到两极后，染色体由解螺旋重新分散为染色质，核仁、核膜逐渐出现；同时赤道板区域的纺锤丝密集，形成成膜体。成膜体和高尔基体产生的小泡相互融合形成细胞板，并逐渐向两侧扩展，直到与母细胞的侧壁连接，形成新细胞壁，把两个新形成的细胞核和其周围的细胞质分隔为两个子细胞。至此，细胞的分裂过程全部结束。

取水仙或洋葱根尖纵切片，在低倍镜下找到材料，把根尖顶端分生组织所在部位移至视野中央，转换高倍镜观察，可见正在分裂的细胞（图4-2）。依有丝分裂各时期染色体的变化过程，选择不同时期的细胞分别进行观察，要求把各个分裂时期的典型特征连贯起来，了解其全过程。

2. 减数分裂的观察

减数分裂是植物生长发育过程中的重要阶段，发生在花粉母细胞形成花粉粒、胚囊母细胞形成胚囊的过程中。减数分裂全过程包括两次连续的分裂，各期的顺序和特征如下（图4-3）。

（1）**第一次减数分裂** 第一次减数分裂分4个时期。

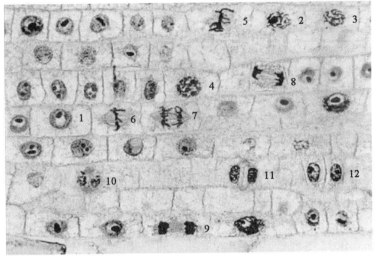

图 4-2　水仙根尖细胞的有丝分裂
1. 分裂间期；2~4. 分裂前期；5、6. 分裂中期；7、8. 分裂后期；
9~11. 分裂末期；12. 两个子细胞

1) 前期 I　核仁、核膜明显存在，过程较长，变化复杂，又可分为以下 5 个时期。
① 细线期。染色体细丝状，缠绕于核仁的一侧。
② 偶线期。染色体松散，增粗，同源染色体配对。

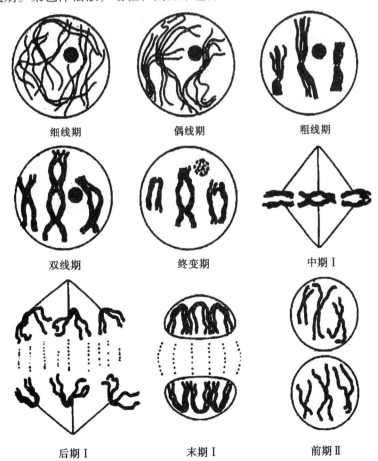

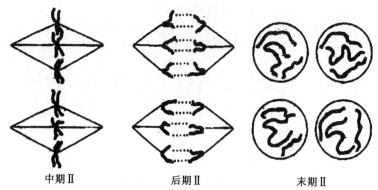

图 4-3 减数分裂各期模式图

③ 粗线期。染色体继续缩短增粗，不同染色体间发生交叉。

④ 双线期。染色体进一步缩短，变粗。同源染色体开始分离，出现"X"形、"V"形。

⑤ 终变期。染色体缩至最短，两两成对明显，此时个体数量清楚，适于作染色体计数。

2）中期Ⅰ 核仁、核膜消失，纺锤体出现，染色体排列在赤道面上，二价体常显"V"形。

3）后期Ⅰ 二价染色体分为两组，分别向两级移动。

4）末期Ⅰ 子染色体到达两极，解螺旋，凝聚成团。重新出现核膜与核仁，形成两个子核，出现明显的细胞板或形成细胞壁，变成二分体，染色体数目减半。

（2）第二次减数分裂 第二次减数分裂也分为4个时期，与有丝分裂相似。

1）前期Ⅱ 时间较短，染色体呈细丝状。

2）中期Ⅱ 两个子细胞的染色体，排列于各自的赤道面上，纺锤丝重新出现。

3）后期Ⅱ 子细胞的染色体分为两组，各自向其两极移动。

4）末期Ⅱ 染色体到达两极，解螺旋，浓聚成团，形成新壁。核仁、核膜重新出现，形成四分体，但仍被共同的胼胝质壁所包围。

取百合幼嫩花药的永久制片置于低倍镜下观察。首先注意区分药壁的体细胞和花粉母细胞，然后转换高倍镜观察。依据减数分裂过程中各时期的顺序及其特点，选择不同时期的花粉母细胞分别进行观察，并分析判断观察的细胞属于减数分裂过程中的哪个时期，要求把各个分裂时期的典型特征连贯起来，了解它的全过程。同时注意比较减数分裂与有丝分裂的不同和特点。

实验过程中，要求至少观察到终变期、中期Ⅰ、中期Ⅱ、后期Ⅰ、后期Ⅱ、二分体、四分体，其他各期可只作一般参考。

（二）综合型实验

1. 植物细胞有丝分裂过程的观察与判断

要求学生根据实验指导的提示，自行设计实验方案。对实验教师提供的实验材料（长根的洋葱或大葱），经取材，醋酸洋红染色，制作临时装片。观察制片中细胞有丝分裂各时期，并绘图说明其细胞特点。

2. 植物细胞减数分裂过程的观察与判断

要求学生根据实验指导的提示，自行设计实验方案。对实验教师提供的实验材料（大葱幼嫩花序或小麦幼穗），经取材，醋酸洋红染色，制作临时装片。观察制片中花粉母细胞减数分裂各时期，并绘图说明其细胞特点。

四、作业与思考

① 绘制植物细胞有丝分裂各时期的细胞图，说明其有丝分裂的全过程。
② 为什么说有丝分裂是植物细胞繁殖方式中最普遍、最常见的方式？
③ 减数分裂发生在植物体的哪些部位？
④ 减数分裂全过程共分几个时期？其特点如何？
⑤ 简绘要求观察到的减数分裂全过程中几个时期的细胞图，并注明其分裂时期。
⑥ 减数分裂与有丝分裂有何不同？它们在植物体内各起什么作用？

实验五　植物组织的类型及细胞特征

一、目的与要求

① 掌握植物各种组织类型的细胞形态结构特征及分布特点。
② 掌握复合组织维管束的结构及主要类型。

二、材料与用品

1. 实验器材

显微镜，载玻片，盖玻片，镊子，刀片，纱布块，吸水纸，培养皿，蒸馏水。

2. 实验材料

（1）**永久制片**　黄杨芽纵切片，玉米茎节纵切片，向日葵茎横切片，椴树茎横切片，蚕豆或玉米幼根横切片，毛茛根横切片，眼子菜叶横切片，蚕豆叶表皮装片，小麦（或玉米）叶表皮装片，周皮横切片，南瓜茎纵横切片，几种植物木材离析材料，松树茎横切片、纵切片，玉米（或小麦）茎横切片，苜蓿茎横切片。

（2）**新鲜材料**　天竺葵叶，树木枝条，梨果实，新鲜柑橘皮。

三、内容与方法

（一）基础型实验

1. 分生组织

分生组织是指植物体内那些能够进行分裂的细胞。依据其在植物体内的分布位置，可将分生组织分为顶端分生组织、居间分生组织和侧生分生组织。

（1）**顶端分生组织**　顶端分生组织位于根尖和茎尖的先端，其细胞的分裂分化使根茎进行伸长生长。取黄杨芽纵切片观察（图5-1），可见其顶端生长锥部分细胞小，细胞壁薄，细胞核大，细胞质浓，无明显液泡，且细胞排列紧密，无明显胞间隙。

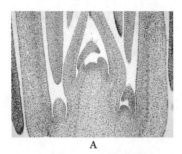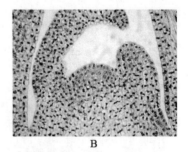

图5-1　黄杨芽纵切（A）及生长锥部分放大（B）

（2）**居间分生组织**　有些植物节的基部，或花果柄基部，或叶的基部，有一部分分生组织，夹杂在已初步分化了的组织之间，称为居间分生组织，它是顶端分生组织保留下来的。居间分生组织可使茎、叶快速伸长。取玉米茎节纵切片观察（图5-2），可见在纵切面上有明显的分层现象，小细胞层和较大细胞层相间排列，其中小细胞层即为居间分生组织区，而较大细胞层则为已初步分化的组织。注意观察居间分生组织细胞的形态特征，并与顶端分生组织相比较。

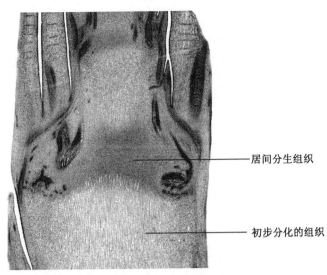

图 5-2 玉米芽横切（示居间分生组织）

（3）**侧生分生组织** 位于根、茎外周，由成熟组织恢复分裂而来。侧生分生组织有两种：一种是维管形成层，其分裂、分化活动可使根、茎不断增粗；另一种是木栓形成层，其分裂、分化活动的结果是产生次生的保护组织（见周皮的观察）。

取向日葵茎横切片，由表及里，在切片中段区域内有数个成椭圆状且较周围组织致密的结构为维管束。维管束中部有一至数层扁平的细胞，此为束内（中）形成层。在两个维管束之间的区域中，与束中形成层相邻，或处于相似弧线上的扁平细胞径向壁短，较其内外侧的细胞体积小，这些细胞称为束间形成层（图 5-3）。

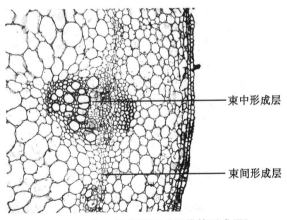

图 5-3 向日葵茎纵切（示维管形成层）

取椴树茎横切片观察，可见表皮下方几层扁平、排列紧密而整齐，细胞壁厚，细胞内无原生质体的细胞，即为木栓层。木栓层内侧一层内含物丰富、染色深浅不一的细胞即为木栓形成层。木栓形成层以内有一层左右的细胞，含有颗粒状物质，即为栓内层（图5-4）。

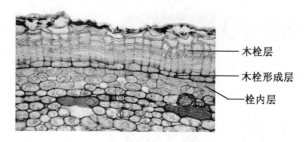

图 5-4 椴树茎横切（示木栓形成层及周皮）

2. 薄壁组织

薄壁组织是植物体内广泛分布的一种组织，是构成植物体的最基本的组织，又称为基本组织。依其功能的不同，可分为同化组织、吸收组织、通气组织和贮藏组织等。

（1）**同化组织** 同化组织常位于植物的叶片、幼嫩的茎或某些植物的幼果等器官中。其细胞含有大量的叶绿体，是植物进行光合作用的主要场所。撕取天竺葵叶下表皮，用粘有部分绿色细胞（同化组织）的下表皮自制临时玻片；或直接取天竺葵叶肉组织制作临时装片。在低倍镜观察清楚后，选择分散的叶肉细胞转至高倍镜下观察，可见其细胞内含有许多绿色颗粒，即为叶绿体。

（2）**吸收组织** 吸收组织位于根尖成熟区，指表皮及表皮细胞形成的根毛。观察蚕豆幼根或玉米幼根成熟区横切片，可见表皮细胞外壁向外突起形成一管状结构的即为根毛。根毛具有吸收养分和水分的能力（图5-5）。

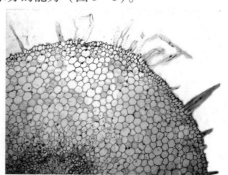

图 5-5 蚕豆幼根横切（示根毛）

（3）**贮藏组织** 贮藏组织主要分布于植物的种子、果实及根和茎的皮层及髓中。观察毛茛根横切片，可见其细胞大而壁薄，排列疏松、胞间隙明显。细胞内有许多颗粒状物，即为淀粉粒。这类薄壁组织即为贮藏组织（图5-6）。

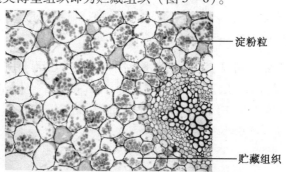

图 5-6 毛茛根横切（示贮藏组织）

(4) **通气组织** 通气组织常见于水生或湿生植物的根、茎、叶中。通气组织细胞间隙发达，常形成大的气腔或互相贯通的气道。观察眼子菜叶横切片，表皮下方许多薄壁细胞解体形成发达的空隙（或称气道），即为通气组织（图5-7）。

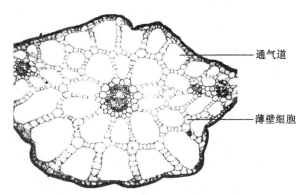

图5-7 眼子菜叶横切（示通气组织）

3. 保护组织

保护组织覆盖于植物体外方，具有防止水分蒸发、防止机械损伤的作用。又根据产生的先后不同及结构上的不同，分为初生保护组织——表皮，次生保护组织——周皮。

(1) **表皮** 取天竺葵叶片，用镊子撕取下表皮一小块，作临时装片。置低倍镜下观察，可见表皮上有许多表皮毛和腺毛。换高倍镜观察，可见表皮细胞彼此相互镶嵌，侧壁呈波浪状，排列紧密，无胞间隙；细胞中具无色透明的细胞质及圆形的细胞核。在表皮细胞之间分布着许多气孔器。选择一个较清晰的气孔器仔细观察，它由两个肾形保卫细胞和气孔组成（无副卫细胞），注意观察保卫细胞初生壁的特点（图5-8）。

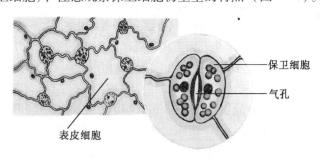

图5-8 双子叶植物叶表皮

取蚕豆叶表皮装片，可见表皮细胞侧壁呈大波浪状，彼此相互镶嵌；细胞中有明显的圆形细胞核。在表皮细胞之间分布着许多气孔器，它也由两个肾形保卫细胞和气孔组成，无副卫细胞。保卫细胞中的细胞核明显（图5-9）。

取小麦叶或玉米叶下表皮装片观察（图5-10），可见在叶下表皮中存在两类表皮细胞，一是普通的表皮细胞，呈长方形，另一类为两种短细胞，成对而生，其一为硅细胞，另一为栓细胞。两类细胞呈纵行排列。在表皮细胞间，有规律地排列着气孔器。每个气孔器是由一对狭长的哑铃形保卫细胞和一对近菱形的副卫细胞组成。保卫细胞的中部狭窄，壁厚，两端呈球形，壁薄，细胞内存在有叶绿体。副卫细胞壁薄，不含叶绿体。

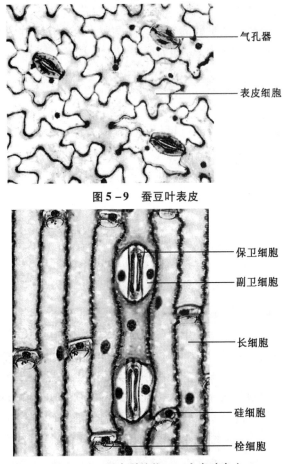

图 5-9 蚕豆叶表皮

图 5-10 禾本科植物——小麦叶表皮

(2) **周皮** 取树枝条观察，其表面上白色颗粒状突起为皮孔。用指甲轻轻刮下最外呈褐色的一层，即为木栓层；内面呈绿色的部分为栓内层；两者之间为木栓形成层。三者合称为周皮。取周皮横切片，在显微镜下观察周皮的组成，可见：木栓层有多层细胞，排列整齐，均为死细胞；木栓形成层为一层扁平的细胞；之内的一层薄壁细胞即为栓内层（见图 5-4）。其中木栓层属次生保护组织；木栓形成层属于侧生分生组织；栓内层属于薄壁组织。在局部区域木栓形成层向外分裂产生薄壁细胞，称为补充细胞，形成次生通气结构——皮孔（图 5-11）。

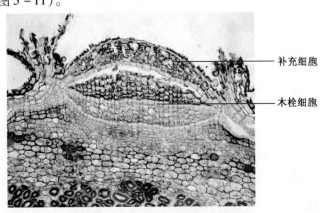

图 5-11 椴树茎横切示皮孔

4. 机械组织

机械组织的特点是细胞壁有不同程度的加厚，在植物体中起支持作用。又根据细胞壁加厚方式及在植物体中出现的先后，分为厚角组织和厚壁组织。

(1) **厚角组织** 初生壁局部增厚，细胞是生活的，常有叶绿体，常出现在茎的初生结构及叶柄、果柄中。取南瓜茎横切片，先在低倍镜下观察，找到棱角处。再换高倍镜由外而内观察：最外一层排列整齐的扁平细胞为表皮，其上具多细胞表皮毛；紧靠表皮内方的皮层中，有几层染成绿色的细胞，其细胞壁在角隅处加厚，多观察可看到细胞核和叶绿体，为厚角组织（图 5-12）。

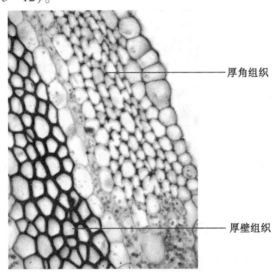

图 5-12 南瓜茎横切示厚壁组织和厚角组织

(2) **厚壁组织** 次生壁全面加厚，细胞为死细胞。又分为纤维和石细胞两种。

① 纤维。在南瓜茎厚角组织内方，有几层椭圆形的薄壁细胞，属薄壁组织，在其内方有几层染成红色的细胞，其细胞壁均匀加厚并木质化，细胞腔较小，无原生质体，是死细胞，为厚壁组织中的纤维（图 5-12）。

② 石细胞。取梨靠近中部的一小块果肉，挑取其中一个沙粒状的组织置载玻片上，用镊子柄部将石细胞群压散，在载玻片上加蒸馏水并盖上盖玻片观察，可见大型薄壁细胞包围着颜色较暗的石细胞群，其细胞壁异常加厚，细胞腔很小，具有明显的纹孔（图 5-13）。

5. 输导组织

输导组织贯穿于植物体各器官中，长距离运输物质。根据运输物质的不同可分为两类：运输水分和矿物质的导管和管胞；以及运输有机物质的筛管和伴胞、筛胞。

(1) **导管** 导管分布于木质部中，

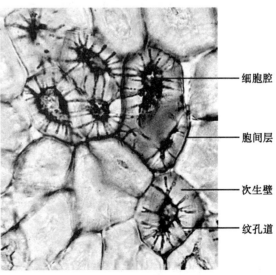

图 5-13 梨果肉石细胞

由多个端壁有穿孔的导管分子连接而成管状的结构。取南瓜茎纵切片置低倍镜下观察,切片中央两侧有一些细胞壁被染成红色,具有各种加厚纹饰的管状细胞,它们是多种类型的导管(图5-14)。仔细观察:管径较小,其壁具有螺旋形加厚并木质化的为螺纹导管;管径较大,具有网状加厚并木质化的为网纹导管(注意切片中有些导管或导管一段,因为只切到导管腔中间一部分,因而只看到导管两边侧壁和中间空腔,而看不到导管壁上加厚的花纹)。偶尔也可在切片中看到管径很小,管壁上有环状加厚并木质化的环纹导管。取不同植物木质部离析液观察,仔细寻找,可见到完整的环纹、螺纹、梯纹、网纹和孔纹导管分子。

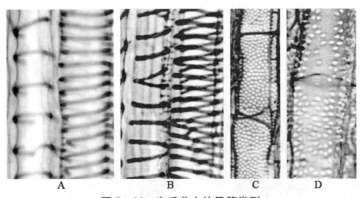

图5-14 南瓜茎中的导管类型
A. 环纹导管;B 螺纹导管;C. 网纹导管;D. 孔纹导管

(2) **管胞** 管胞是裸子植物和蕨类植物木质部中输导水分和无机盐、兼有机械支持的组织。取松茎木质部浸解材料,用蒸馏水封片。在显微镜下可见到管胞为细长的梭形细胞,管胞上下端以斜面相接。壁木质化,壁上有具缘纹孔,相互之间输送水溶液是靠具缘纹孔,所以输导能力不如导管。管胞从横切面看,直径较导管小很多,而且大小较均匀(图5-15)。

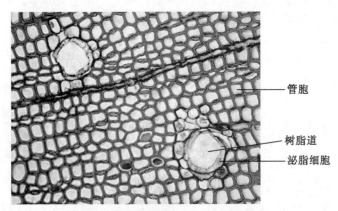

图5-15 松茎横切(示树脂道及管胞)

(3) **筛管和伴胞** 筛管和伴胞分布于韧皮部中。筛管是由多个端壁上有筛孔的筛管分子连接而成的管状结构。筛管分子是生活的细胞,可见细胞中有细胞质,但无细胞核。筛管分子的旁边常有一个细长的薄壁细胞——伴胞。观察南瓜茎纵切片(图5-16),分布在木质部内、外两侧,染成绿色的主要是韧皮部。在此处可见一些直径较大的长管状细胞,即为筛管分子。筛管分子上下相连而成筛管。换用高倍镜可见上下两个筛管分子连接的端壁染色较深,可看到水平的或倾斜的端壁,即为筛板。有时可看到筛板上的筛孔。在筛管旁边紧贴着1至几个染色较深、细长的细胞,即为伴胞。这些伴胞的细胞质浓,并具有细胞核。取南瓜茎横切片观察其韧皮部,仔细寻找,可看到筛管的端壁——筛板,上有许多小孔——筛孔。

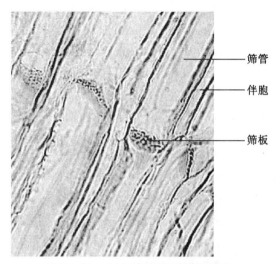

图 5-16　南瓜茎纵切示筛管和伴胞

（4）**筛胞**　取松茎纵切片观察,可见薄壁的筛胞呈纵向排列。其壁上有许多染色较深的筛域。每个筛域上密集生有许多很小的筛孔,这便是裸子植物有机物运输的通道。

6. 分泌结构

分泌结构由具分泌能力的薄壁细胞构成。根据分泌物质是否排出植物体外,可将分泌结构分为外分泌结构和内分泌结构。

（1）**外分泌结构**　外分泌结构大多分布于植物体茎、叶和花等器官表面。如腺毛、蜜腺、盐腺等。取天竺葵叶横切片观察,可见其上、下表皮上均有腺毛。腺毛有单列细胞组成的柄,柄上方构成圆球状结构的几个细胞具有分泌功能（图5-17）。

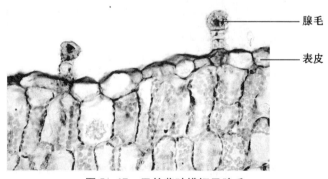

图 5-17　天竺葵叶横切示腺毛

（2）**内分泌结构**　内分泌结构常分布于基本组织中,可形成分泌囊、分泌腔、分泌道或乳汁管等。

① 取新鲜柑橘果皮,制作临时装片。显微镜下观察,可见在橘皮表皮之下,有许多薄

壁细胞组成的囊状结构，即为分泌囊。其中有些分泌囊中间部分的细胞已解体，形成空腔。

② 取松茎横切片观察。在横切面上各处均可见有几个小细胞围成一圈，中间有空腔，此即为树脂道。周围的小细胞为泌脂细胞（见图5-15）。

7. 维管束的结构

维管束是呈束状结构的维管组织，成网状贯穿于植物体各处，由木质部和韧皮部这两种复合组织组成，在植物体内起输导和支持的作用。根据木质部和韧皮部中间是否有束中形成层，又可分为无限维管束和有限维管束。

（1）双子叶植物中的无限维管束 取向日葵茎横切片于低倍镜下观察，可见横切面上靠近外围的部分，排列着一圈大小不等、细胞排列致密的团块状组织，此即为维管束（图5-18）。选一个大而清晰的维管束放大观察，可见维管束由外（靠茎外方）到内分为韧皮部、束中形成层、木质部3个部分。木质部中包括细胞壁被染成红色的直径较大的导管和多个小导管、管胞以及细胞壁被染成绿色的木薄壁细胞。在木质部外侧，有数层排列紧密、形状扁平、近长方形而较规则的细胞，为形成层区。其中只有一层为真正的形成层，但不易区分。束中形成层外侧，细胞较小、被染成绿色的部分为韧皮部。用高倍镜仔细观察，可见它是由筛管、伴胞和韧皮薄壁细胞组成。筛管呈多边形，管径较大，有的可看到端壁具筛孔的筛板。筛管旁边有一个细胞质浓、染色较深、呈三角形或梯形的小细胞，即为伴胞。在韧皮部内，没有伴胞的较大的细胞则是韧皮薄壁细胞。因向日葵茎维管束内有束中形成层，故为无限维管束。

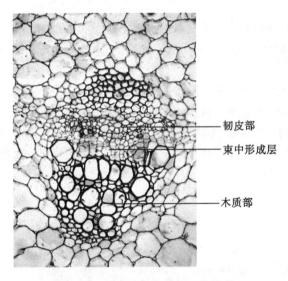

图5-18 向日葵茎中的无限维管束

（2）单子叶植物的有限维管束 取玉米茎横切片观察，可见在基本组织中分散有许多维管束。选一个大而清晰的维管束观察（图5-19），可见维管束周围有一圈细胞壁较厚、被染成红色的厚壁组织，称为维管束鞘。在鞘内靠外方的细胞壁被染成绿色的部分为韧皮部。外方的原生韧皮部多被挤毁；内方的后生韧皮部中有些较大的呈多边形的细胞为筛管。在筛管旁边体积较小、呈梯形或三角形的细胞为伴胞。韧皮部内方为木质部，通常有几个细胞壁被染成红色的大、小导管，在横切面上排成"V"字形，其基部为原生木质部，有1~2个小导管。"V"字形上半部为后生木质部，两侧各有一个大导管。在导管内方有一个空腔为胞间隙，其两侧细胞较小，细胞壁被染成绿色的为木薄壁细胞。木质部和韧皮部之间无形成层，因此玉米维管束称有限维管束；又由于韧皮部排列在外方，故称外韧维管束或外韧有限维管束。

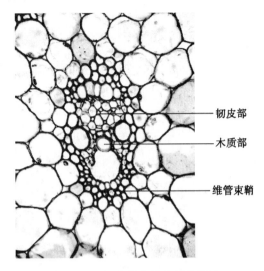

图 5-19　玉米茎中的有限维管束

（二）综合型实验

1. 辨认植物器官中的组织类型

取苜蓿茎横切片观察，总结出苜蓿茎中有哪几种组织，这些组织分布的特点。

2. 比较两种保护组织表皮和周皮的异同

取南瓜茎和椴树茎横切片，分别观察茎外方的表皮和周皮，仔细观察这两种组织的组成特点、细胞形态结构特征和功能特点，找出它们之间的异同点。

3. 比较厚角组织和厚壁组织的异同

取南瓜茎或向日葵茎的横切片，找到厚角组织和厚壁组织，注意观察它们分布位置上的不同；仔细观察这两种组织的组成特点、细胞形态结构特征和功能特点，找出它们之间的异同点。

四、作业与思考

① 绘制天竺葵叶表皮细胞图，并注明各部分。

② 导管有几种类型？各有什么特点？绘制各类型导管分子细胞图。

③ 列表比较各种成熟组织的细胞形态、特征、功能和在植物体中的分布等方面的异同。

④ 列表比较两种保护组织——表皮和周皮——在组成、细胞特点、分布及功能方面的异同。

⑤ 列表比较厚角组织和厚壁组织在细胞形态结构特点、分布及功能方面的异同。

⑥ 何谓复合组织？维管束包括哪几部分？每一部分包括哪些组织？其主要功能是什么？

实验六　种子的结构及幼苗的形成

一、目的与要求

① 掌握种子的基本形态结构及类型。

② 学习种子萌发的方法，了解种子萌发形成幼苗的过程及幼苗类型；了解外界环境条件（水分、温度、氧气和土壤基质）对种子萌发的影响。

③ 学会室温测定方法。

二、材料与用品

1. 实验器材

放大镜，镊子，刀片，解剖针，载玻片，盖玻片，培养钵，培养皿，擦镜纸，纱布块，碘－碘化钾溶液。

2. 实验材料

（1）植物永久玻片　蓖麻种子，小麦、玉米颖果纵切片。

（2）实物材料　大豆、蚕豆、蓖麻、芝麻种子，小麦、玉米等颖果，油松种子，向日葵、蚕豆、绿豆、小麦、玉米等幼苗。

三、内容与方法

（一）验证型实验

1. 种子的基本类型与结构

种子是种子植物的繁殖器官，由种皮、胚（新植物体的原始体）和胚乳三部分组成。其中最重要部分是胚，它由胚芽、胚轴、胚根及子叶四部分组成。胚萌发后形成幼苗。胚乳贮藏丰富的营养物质，供种子萌发用。但有些植物的种子，在成熟过程中胚乳贮藏的养料已被子叶所吸收，因此成熟时就成为无胚乳种子。

种子植物器官的形成总是由种子在一定条件下萌发开始的，因此要了解植物器官的形成，首先必须了解种子的结构和种子萌发的过程。

（1）无胚乳种子　可选用菜豆、蚕豆、大豆等种子作材料，于实验前2～3天将种子浸泡于清水中，让其充分吸胀与软化，以利于种子的解剖观察。下面以蚕豆种子为例介绍。

① 外部形态。取一粒已浸泡吸胀的蚕豆种子，可见种子呈矩圆形，种皮淡绿色、柔软、革质。在种子宽阔的一端，有一条黑色眉条状疤痕，它是种子成熟时与果实脱离后留下的痕迹，叫种脐。将种子擦干，用手挤压种子两侧，可见有水和气泡从种脐一端溢出，溢出处为种孔；胚根的尖端正对着种孔，当种子萌发时，胚根首先从种孔中伸出，突破种皮，所以也叫发芽孔。种脐另一端略微凸起的部分为种脊，内含维管束。豆科植物种子的种脊十分凸出为其显著特征。

② 内部结构。剥去一层种皮，剩下部分即是种子的胚。胚由子叶、胚芽、胚轴和胚根四部分组成。可以见到两片肥厚、扁平、相对叠合的白色肉质子叶（双子叶植物），几乎占有种子的全部体积。在宽阔一端的子叶叠合处一侧，有一个锥形的小突起，与两片子叶相连，这是胚根。分开叠合的子叶，可以见到形如几片幼叶的小结构被夹在两片子叶之间，这是胚芽。胚芽与胚根之间通过短粗的胚轴相连，两片子叶也着生在胚轴上（图6-1）。

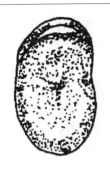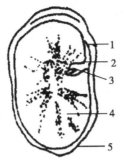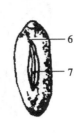

图 6-1 蚕豆种子

1. 种孔；2. 胚根；3 胚轴；4 子叶；5 种皮；6 种脊；7 种脐

（2）有胚乳种子 可以取蓖麻、荞麦等种子，玉米、小麦颖果，及松属植物种子作为实验材料。于实验前 2～3 天将种子浸泡于清水中，让其充分吸胀与软化，以利于种子的解剖观察。

1）蓖麻种子的结构

① 外部形态。蓖麻种子具有两层种皮，外种皮坚硬光滑，具斑纹；内种皮膜质。从外形看种子呈椭圆形，稍侧扁。种子一端有白色、海绵状的隆起，叫种阜，是由外种皮延伸形成的。种孔被种阜覆盖。在种子略平的一面中央有一长条形凸起为种脊，是倒生胚珠的珠柄和一部分外珠被愈合，种子成熟时种皮上留下的痕迹。

② 内部结构。剥去两层种皮，可以看见里面白色、肥厚的部分即为胚乳。种子的胚呈薄片状，被包在胚乳的中央。用手小心地沿胚乳窄面自然地瓣开，将胚乳分成两半，可见胚乳内方有两片较薄、具脉纹的片状物，即为子叶。在两片子叶之间近种阜一端有一圆锥状小凸起，为胚根。胚的另一端，夹在两子叶之间的小凸起，就是胚芽。胚轴很短，但可见它连接着两片子叶、胚芽和胚根（图 6-2）。

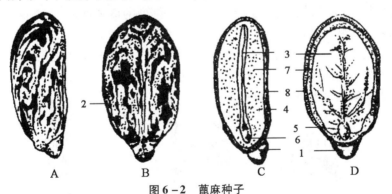

图 6-2 蓖麻种子

A. 侧面观　B. 表面观　C. 与宽面垂直的纵切面　D. 与宽面平行的纵切面

1. 种阜；2. 种脊；3. 子叶；4. 胚芽；5、6. 胚根；7. 胚乳；8. 种皮

2）玉米种子的结构

① 外部形态。玉米籽粒的外围保护层，并不单纯是种皮，除种皮外，还有果皮与之合生。二者相互愈合，不易分离。因此玉米的籽粒实际上是果实，在果实的分类上称为颖果。取一粒充分吸胀的玉米籽粒进行观察，其外形为圆形或马齿形，稍扁，在下端有果柄，去掉果柄时可见到果皮上有一块黑色组织，即为种脐。透过果皮可清楚地看到胚位于宽面的下部（图 6-3）。

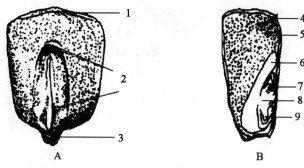

图 6-3 玉米的颖果
A. 腹面观；B. 侧面观
1. 花柱遗迹；2. 胚；3. 果柄；4. 果皮和种皮；5. 胚乳；6. 盾片（子叶）；7. 胚芽；8. 胚轴；9. 胚根

②内部结构。用刀片垂直颖果宽面，沿胚之正中纵切成两半，用放大镜观察其纵切面。从颖果的纵切面上可以看到胚和胚乳的相对位置，胚乳占有籽粒的大部分，而胚处于籽粒基部的一侧，仅占小部分位置。胚乳由两部分组成，一部分是一般由一层细胞组成的糊粉层，包围在胚乳的外周，与种皮紧贴，其余大部分是含淀粉的胚乳细胞。糊粉层细胞的蛋白质含量高，所以营养价值较高。在背侧基部的一角是胚。在切面上加一滴稀释的碘液，可见胚乳部分马上变成蓝黑色，胚呈橘黄色，十分清晰。仔细观察胚的结构，可看到锥形的胚根，外有胚根鞘；上部为胚芽，外有胚芽鞘。位于胚芽和胚乳之间的盾状物即为盾片（子叶），胚芽与胚根之间和盾片相连的部分为胚轴（图6-3）。

再取玉米胚纵切片在显微镜下详细观察胚的结构，分辨胚的各个组成部分。注意盾片与胚乳相连接处有一层较大、呈柱状整齐排列的细胞，称为上皮细胞或柱形细胞。

其他禾本科植物的种子，如水稻、玉米、大麦等，也有类似的结构。

3）油松种子的结构（多子叶有胚乳种子）

① 外部形态。油松的种子位于雌球果螺旋状排列的珠鳞近轴面，一般认为珠鳞是大孢子叶（与被子植物组成雌蕊的心皮等同）。从种鳞（由珠鳞发育而成）内取出种子。种子一般具翅，是由珠鳞表皮细胞分化出来的种子附属物。油松的种翅很发达，并一直延伸到珠孔附近，另一端向外扩展，形成发达的薄膜种翅。剥去种翅，种子的形状为椭圆形、棕红色。种子的尖端是种脐（图6-4）。

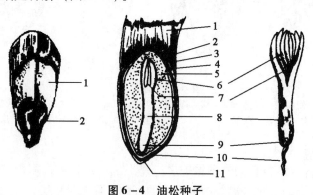

图 6-4 油松种子
1. 翅；2. 外种皮；3. 中种皮；4. 内种皮；5. 胚乳；6. 子叶；
7. 胚芽；8. 胚轴；9. 胚根；10. 胚柄；11. 种脐

② 内部结构。油松种子的种皮分三层：外层肉质不发达；中层石质很硬，是由石细胞组成的硬壳；内层皮是很薄的纸质层。剥开种皮，里面部分是肉质胚乳。胚位于种子中央，为一白色棒状体，由胚根、胚轴、胚芽和子叶组成。其子叶有 7~10 枚（图 6-4）。

2. 幼苗类型

不同植物种类的种子在萌发时，由于胚体各部分，特别是胚轴部分的生长速度不同，形成的幼苗在形态上也不一样。常见的植物幼苗有两种类型：一种是子叶出土的幼苗；另一种是子叶留土的幼苗。

胚轴是胚芽和胚根之间的连接部分，同时也与子叶相连。由子叶着生点到第一片真叶之间的一段胚轴，称为上胚轴。由子叶着生点到胚根的一段称为下胚轴。子叶出土幼苗和子叶留土幼苗的最大区别，就在于这两部分胚轴在种子萌发时的生长速度不一致。

(1) **子叶出土的幼苗**　双子叶植物无胚乳种子中大豆、棉花、油菜、花生和各种瓜类的幼苗，以及单子叶植物有胚乳种子中如洋葱的幼苗，均属于子叶出土幼苗类型。以上植物种子萌发时，下胚轴伸长，将子叶和胚芽一起推出土面，所以幼苗的子叶是出土的。

1) 棉花（双子叶）的子叶出土幼苗　棉花种子的子叶较薄，出土后立即展开并变绿，进行光合作用，待真叶伸出，子叶才枯萎脱落（图 6-5）。

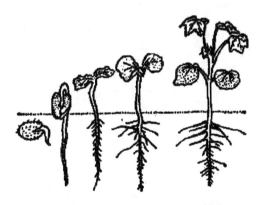

图 6-5　棉花种子的子叶出土萌发

2) 洋葱（单子叶）的子叶出土幼苗　洋葱种子开始萌发时，子叶下部和中部伸长，使根尖和胚轴推出种皮之外。以后子叶很快伸长，露出在种皮之外，呈弯曲的弓形。这时，子叶先端仍被包在胚乳内吸收养料。进一步生长，使弯曲的子叶逐渐伸直，并将子叶先端推出种皮外面，待胚乳的养料被吸收用尽，干瘪的胚乳也就从子叶先端脱落下来。同时，子叶在出土以后逐渐转变为绿色，进行光合作用。此后，第一片真叶从子叶鞘的裂缝中伸出，并在主根周围长出不定根。所以洋葱的幼苗仍属于子叶出土类型（图 6-6）。

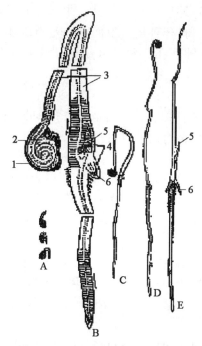

A. 种子萌发开始；B. 萌发种子的纵切面图；C. 子叶和主根继续伸长，弯曲的子叶呈弓形，子叶先端包在种皮内；D. 子叶伸直，种皮和胚乳仍附着在子叶先端；E. 胚乳脱落，第一片真叶从子叶鞘伸出，主根周围生出不定根
1. 种皮；2 胚乳；3. 子叶；4. 子叶鞘；5. 第一片真叶；6. 不定根

图6-6　洋葱种子的子叶出土萌发

（2）子叶留土的幼苗　双子叶植物无胚乳种子中如蚕豆、豌豆、荔枝、柑橘，有胚乳种子中如橡胶树，及单子叶植物种子中如小麦、玉米、水稻等的幼苗，都属于这一类型。这些植物种子萌发的特点是下胚轴不伸长，而是上胚轴伸长，所以子叶或胚乳并不随胚芽伸出土面，而是留在土中，直到养料耗尽死去。

1）豌豆（双子叶）子叶留土幼苗　豌豆种子萌发时，胚根先穿出种皮向下生长，成为根系的主轴；由于上胚轴的伸长，胚芽不久就被推出土面，而下胚轴伸长不多，所以子叶不被顶出土面，而始终在土壤里（图6-7）。

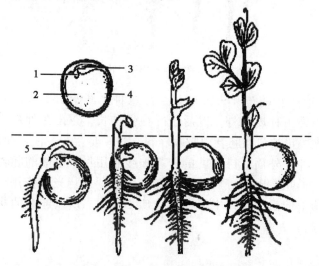

图6-7　豌豆种子的子叶留土萌发
1. 胚芽；2. 子叶；3. 胚根；4. 种皮；5. 上胚轴

2) 玉米（单子叶）子叶留土幼苗　玉米种子萌发形成幼苗时，上胚轴伸长将胚芽送出土面形成茎叶，而下胚轴不伸长，着生于上、下胚轴间的子叶留在土中，从而形成子叶留土幼苗（图6-8）。

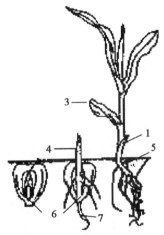

图6-8　玉米子叶留土幼苗
1. 第一片真叶；2. 胚芽鞘；3. 上胚轴；4. 下胚轴

（二）综合设计型实验

本类型实验为种子萌发形成幼苗的过程观察。

1. 材料与用品

(1) 实验材料　菠菜、油菜、大豆、玉米、菜豆等种子。

(2) 实验器具　花盆自备（可用可乐瓶自制，10cm深，有底孔；或用一次性纸杯）若干个，栽培基质（自选），温度计。

2. 内容与方法

每学生10~30粒种子（上述实验材料任选2种）。根据所选种子查阅资料，设计实验方案。观察项目可包括种子发芽率、发芽势、发芽所需外界条件、幼苗类型等方面。4周后交幼苗、设计方案、实施观察记录、结果分析。

四、作业与思考

① 单子叶植物与双子叶植物种子的结构有何不同？

② 小麦胚中上皮细胞有何作用？外胚叶由何发育而成？有何作用？

③ 不同土壤基质对不同植物种子萌发速率（或发芽势）的影响是什么？土壤基质通过哪些方面影响着种子的萌发？不同覆土厚度条件下对种子的萌发特性有何影响？

④ 种子千粒重对种子发芽特性有何影响？不同千粒重的种子对覆土厚度的要求如何？

实验七 根的形态结构及其发育（一）

一、目的与要求

① 掌握主根、侧根、不定根的形态特点，学会根据形态特点判别根的类型。
② 掌握各种根系类型的形态特点，学会分析其对环境的适应性。
③ 通过对根尖的外形和内部结构的观察，了解根尖的分区，掌握根的形态结构及组织发育特点，进一步认识细胞分化的概念。
④ 对照观察根毛与侧根，找出二者的实质性区别。
⑤ 观察不同植物的根瘤或菌根，熟悉其形态特点。

二、材料与用品

1. 实验器材

镊子，刀片，载玻片，盖玻片，吸水纸，擦镜纸等。

2. 实验材料

（1）实物材料 大豆、棉花根系实物标本，水稻和洋葱根系实物标本，蚕豆、小麦或玉米籽粒，水稻、芦苇、猪毛菜根系实物标本，花生和大豆的根瘤浸渍标本，蚕豆根瘤横切片，松树幼根新鲜材料（示菌根），竹或兰花等植物的菌根切片。

（2）植物永久玻片标本 玉米根或洋葱根尖纵切片，玉米纵根横片（示侧根）。

三、内容与方法

（一）验证型实验

1. 根与根系类型的观察

根系是植物体地下部分根的总称，通常分为直根系和须根系。直根系由粗壮发达的主根和逐级变细的各级侧根组成；须根系的所有根（主要为不定根）粗细相近，在根系中不能明显区分出主根。

观察大豆、棉花、水稻、洋葱、芦苇和猪毛菜根系的实物标本，识别主根、侧根、不定根，确定根系类型并分析各种根系类型对土壤环境的适应性。

2. 根尖解剖结构的观察

通过对根尖解剖结构的观察，了解根尖分区，掌握根的早期发育规律，进一步直观理解细胞分裂、生长与分化在植物体发育中的意义。

观察玉米或洋葱根尖纵切片。先用低倍镜辨认出根冠、分生区、伸长区、根毛区，然后换高倍镜观察。

根冠位于根尖最先端，整体形似帽状，有保护其内部生长点的功能。其外层细胞较大，形状不规则，细胞壁薄，细胞排列疏松，易脱落；内部的细胞较小（图 7-1）。

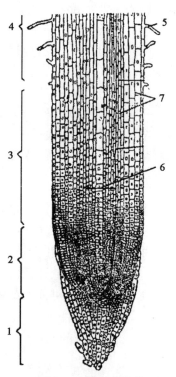

图 7-1 根尖纵切片
（示根尖分区）
1. 根冠；2. 分生区；3. 伸长区；
4. 成熟区；5. 根毛；6. 内皮层；
7. 维管柱鞘

分生区位于根冠内侧，长1~2mm。此区细胞具强烈的分生能力，细胞较小、排列整齐紧密，细胞壁薄，细胞核相对较大，细胞质浓（图7-1）。

伸长区位于分生区之上，由分生区细胞分裂而来。此区细胞逐渐停止分裂，一方面沿根的轴向伸长和长大；另一方面逐步分化，向成熟区过渡。切片中央可见到一些较宽而长的成列细胞，它们是正在分化的幼嫩导管（图7-1）。

根毛区（成熟区）位于伸长区之上，细胞基本停止了伸长生长，各种组织已分化成熟，又称为成熟区。其明显标志是表皮细胞向外凸出形成根毛，根毛扩大了根与土壤的接触面积，加强了根的吸收作用。内部分化出了环纹、螺纹导管，进行水分纵向输导（图7-1，图7-2，图7-3）。

图7-2　萝卜种子根的根尖　　图7-3　根毛细胞立体图解

3. 根瘤和菌根的观察

（1）**根瘤**　根瘤是植物根与土壤中的根瘤菌共生形成的结构。观察豆科植物花生和大豆根的浸渍标本，根部的许多瘤状物即为根瘤。

显微镜下观察蚕豆根瘤横切片，可见中柱及根瘤均近圆形，染色较深。但中柱中可观察到明显的导管，易与根瘤区别。

根瘤的形成是由于根瘤菌侵入根的皮层，皮层细胞受到刺激而迅速分裂，致使根部形成局部突起。有些根瘤甚至比根本体的直径还大。根瘤外围被栓质的细胞包裹，内部为皮层薄壁细胞，中间染色深的为具根瘤菌的细胞（图7-4）。

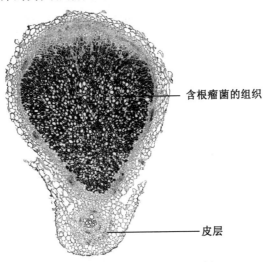

图7-4　蚕豆根横切（示根瘤）

（2）菌根　菌根是植物根与土壤中的真菌共生形成的结构。取新挖的松树幼根，可见许多白色或乳黄色的根尖。置于显微镜下观察，可见根尖上有许多丝状的真菌菌丝，此类菌根为外生菌根。

若观察竹类、兰花或其他一些植物的菌根切片，在低倍镜下即可见一些皮层细胞内有真菌菌丝。此类菌根为内生菌根。

（二）探索型实验

1. 根的早期发育及根尖结构的观察分析

（1）根尖的外形与分区　根尖是指从根的先端到根毛区的这一段长 1~2cm 的结构（图7-1）。肉眼可观察到根尖的不同分区。

实验前1周取蚕豆、小麦或玉米籽粒在培养皿中进行种子萌发，观察种子的萌发过程，根据观察结果填写表7-1并分析根的发生规律。

实验课上选择萌发5~7天的小麦或玉米的幼苗，取其直而生长良好的幼根置于载玻片上进行观察。幼根上有一区域密布白色绒毛（即根毛），为根毛区（成熟区）（图7-1，图7-2，图7-3）。根尖的最先端微黄而略带透明的部分是根冠，成帽状罩在分生区的外面，长 1~2mm。紧接其后的是分生区（生长点），位于根冠上方，乳黄色，不透明。在分生区与根毛区之间是伸长区，略透明。

继续观察培养皿内种子萌发后的发育过程，并将结果填入表7-1。

表7-1　种子萌发和幼苗形成过程观察记录

试样编号		部位和长度	时间	照片编号
	胚根			
	胚芽			
单子叶植物	第一条根出现			
	第二条根出现			
	第三条根出现			
	分蘖节形成			
双子叶植物	主根出现			
	主根生长			
	侧根形成			
	不定根形成			
	子叶死亡			
	分枝形成			

2. 不同生态类型的植物根的结构观察

取水生植物水稻和芦苇、旱生植物猪毛菜，观察根系的形态特征，确定主根、侧根、不定根。采用徒手切片方法制成临时装片，观察水生植物和旱生植物根的解剖结构特征并填入表7-2比较。

表7-2　水生植物与旱生植物根的解剖结构特征比较

	表皮	皮层	维管柱
旱生植物			
水生植物			

四、作业与思考

① 为什么成熟区与根冠分界十分明显，而分生区和伸长区的界线不清楚？根据根尖分生区到成熟区结构的观察，如何理解细胞分化的含义？

② 根毛与侧根在形态、功能、发生上有何不同？

③ 根据表7-1观察结果，分析根的发生规律。

④ 根据观察结果，分析水生植物和旱生植物的根是如何适应环境的。

⑤ 根瘤是如何形成的？它与根之间在结构与功能上有什么关系？

实验八 根的形态结构及其发育（二）

一、目的与要求

① 掌握双子叶植物根的初生结构。
② 掌握禾本科植物根的解剖结构特征，了解非禾本科单子叶植物根的形态与结构特征。
③ 了解侧根的发生过程和形成规律。
④ 了解双子叶植物根的次生生长过程和次生结构特征。

二、材料与用品

1. 实验器材

镊子，刀片，载玻片，盖玻片，吸水纸，擦镜纸等。

2. 实验材料

毛茛和蚕豆幼根横切片，玉米根横切片，水稻幼根横切片，水稻老根横切片或小麦根横切片，韭菜根横切片和鸢尾根横切片，陆地棉幼根横切片，蚕豆根形成层发生过程的切片，棉花老根横切片，蚕豆示侧根发生的横切片，胡萝卜和萝卜的肉质直根。

三、内容与方法

（一）双子叶植物根的初生结构

1. 毛茛或蚕豆幼根横切

取毛茛或蚕豆幼根切片，先于低倍镜下观察，可见其结构由外向内分为表皮、皮层和维管柱三部分（图8-1），然后换高倍镜观察。

（1）**表皮** 最外面的一层细胞，细胞扁平，排列紧密。许多表皮细胞的外壁向外凸起形成根毛。

（2）**皮层** 皮层位于表皮、维管柱之间，占根横切面的较大比例，由多层薄壁细胞组成。可分为三部分。

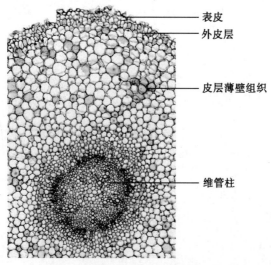

图8-1 蚕豆幼根横切（示初生结构）

1) **外皮层** 与表皮相接的1~2层皮层细胞,细胞较小,排列紧密,形状规则。表皮破坏后,外皮层细胞增厚并栓质化,起到保护作用(许多植物的幼根中,外皮层与皮层薄壁细胞没有明显区别)。

2) **皮层薄壁细胞** 皮层薄壁细胞位于外皮层、内皮层之间,细胞体积较大,排列疏松,有明显的细胞间隙。

3) **内皮层** 内皮层是皮层最内的一层薄壁细胞。此层细胞的径向壁、横向壁上有一连续的、由栓质化增厚而形成的带状结构——凯氏带。在横切片上一般只能看到径向壁上增厚部分,被染成红色点状结构——凯氏点(图8-2)。

(3) **维管柱** 维管柱包括维管柱鞘、初生木质部、初生韧皮部和薄壁细胞四部分(图8-2)。

1) **维管柱鞘(中柱鞘)** 维管柱鞘为紧靠内皮层里面的一层细胞。细胞排列紧密,具潜在的分裂能力,侧根、根中最早发生的木栓形成层、根的维管形成层的一部分均发生于维管柱鞘(图8-2)。

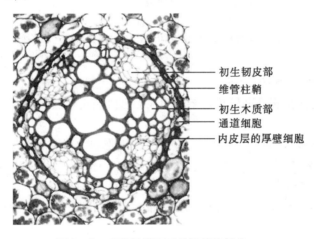

图8-2 毛茛根横切面的维管柱部分

2) **初生木质部** 初生木质部位于维管柱鞘内,主要由导管、管胞和木薄壁细胞组成。切片中导管、管胞多被染成红色,有4~5束,呈辐射状。每束木质部内的导管口径大小不一,外侧靠近维管柱鞘的导管口径小、染色深,这是较早分化出的导管,这部分木质部叫原生木质部;靠内部的导管分化晚,口径大,这部分木质部叫后生木质部。初生木质部的这种由外向内分化成熟的方式称为外始式,是根的初生结构的特征之一。

3) **初生韧皮部** 初生韧皮部位于初生木质部的两个放射棱之间,与初生木质部相间排列。主要由筛管、伴胞和韧皮薄壁细胞组成。

4) **薄壁细胞** 维管柱内薄壁细胞通常分布在初生木质部与初生韧皮部之间;蚕豆等少数植物的根中央还有薄壁细胞构成的髓(图8-1)。在根的次生生长开始时,初生木质部与初生韧皮部之间的薄壁细胞中的一部分首先脱分化,形成维管形成层的一部分。

(二)禾本科植物根的解剖结构

1. 小麦根

取小麦根横切永久制片,在低倍镜下观察,辨认表皮、皮层、维管柱的轮廓部位。然后换高倍镜,由外向内观察(图8-3)。

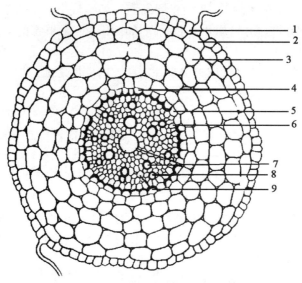

图 8-3 小麦幼根横切结构示意
1. 表皮；2. 外皮层；3. 皮层薄壁组织；4. 内皮层；5. 通道细胞；
6. 维管柱鞘；7. 后生木质部；8. 原生木质部；9. 初生韧皮部

（1）**表皮** 表皮为最外面的一层生活细胞，形状扁平，排列紧密，许多细胞外壁可向外凸起形成根毛。由于寿命较短，老根的根毛已残破不全。表皮细胞往往较早解体而脱落死亡。

（2）**皮层** 皮层又可分为外皮层、皮层薄壁细胞和内皮层。

1）**外皮层** 外皮层为靠近表皮的1~3层细胞，体积较小，排列紧密。在发育后期，外皮层往往形成栓质化的厚壁组织，具有支持和保护作用。

2）**皮层薄壁细胞** 外皮层内侧占比例较大的皮层薄壁细胞，细胞体积大，排列疏松，胞间隙显著。

3）**内皮层** 内皮层为皮层最内侧的一层特化的细胞，初期具有凯氏带的结构，但在稍老的根中，内皮层细胞除外切向壁外，上下横壁、两侧径向壁、内切向壁均次生增厚，故在横切面上内皮层细胞呈马蹄形。而位于初生木质部辐射角处的少数内皮层细胞，除凯氏带外，其壁未见增厚，仍保持薄壁细胞状态，这些细胞即为通道细胞。

（3）**维管柱** 维管柱位于内皮层以内，是根的中轴部分，由以下几部分组成：

1）**维管柱鞘（中柱鞘）** 维管柱鞘是紧靠内皮层内侧的一层薄壁细胞，排列整齐。

2）**初生木质部** 初生木质部细胞多圆型，发育方式为外始式。原生木质部导管口径小、数目多，紧邻维管柱鞘，后生木质部导管口径大、数目少，紧靠中央。

3）**初生韧皮部** 初生韧皮部与初生木质部相间排列，细胞数目少，不太显著。

4）**薄壁细胞** 薄壁细胞在幼嫩的根中，主要分布于初生木质部导管之间。

2. 水稻根

取水稻幼根和老根横切片，与小麦根横切片对照观察（方法同上），其结构和特征与小麦根的横切结构基本相似。但由于水稻生活于水湿生环境中，其皮层结构与小麦明显不同。注意比较水稻根皮层薄壁细胞的细胞间隙大小及其皮层薄壁细胞在发育中的变化——皮层薄壁细胞初期由排列疏松的薄壁细胞构成，且有明显的细胞间隙。后期由于薄壁细胞彼此分离、溶解而形成许多大型的气腔，仍可见到残余的皮层薄壁细胞和碎片（图8-4）。

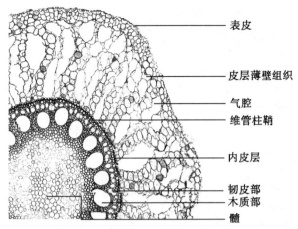

图8-4 水稻根毛区横切面的一部分

（三）双子叶植物根的次生结构

1. 维管形成层的发生

观察蚕豆根形成层发生过程的横切片，可见初生木质部和初生韧皮部之间的薄壁细胞已开始恢复分裂能力：细胞呈扁平形状，径向排列整齐，并由此产生了初期的形成层弧，其内、外方已有少许次生木质部和次生韧皮部形成（图8-5）。

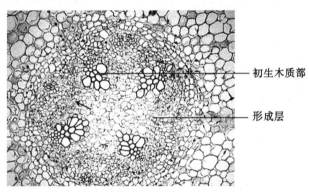

图8-5 蚕豆老根横切（示维管形成层的发生；
箭头处为已产生少许次生结构的形成层）

随着发育期的延长，在有些切片中可见除形成层弧外，正对着原生木质部棱角处的维管柱鞘细胞也恢复了分裂能力，这样就形成了波浪状的形成层环。波浪状的形成层环继续发育，可形成圆形的形成层环。

2. 根的次生结构

取棉花或苹果老根横切制片，先在低倍镜下区分周皮、维管柱，然后用高倍镜观察以下各部分。

（1）**周皮** 周皮位于横切片的最外方，由数层细胞组成，可分为木栓层、木栓形成层、栓内层三部分（图8-6）。

1）木栓层 木栓层为最外面的2至多层扁长方形、细胞壁栓化的细胞，径向壁垛叠整齐、排列紧密，多被染成黄褐色。此层细胞多已死亡，细胞内一般观察不到细胞质、细胞核。

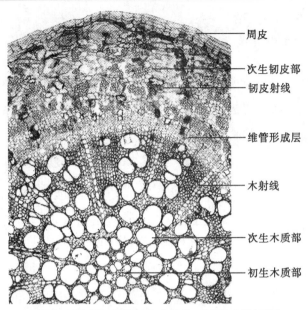

图 8-6 棉花老根横切部分结构（引自金银根等）

2）木栓形成层 为木栓层以内的一层扁平细胞。细胞壁不栓化，都是生活细胞，通常可观察到细胞核。该层细胞切向分裂，向外分裂出的细胞形成木栓层；向内分裂出的细胞形成栓内层。

3）栓内层 位于木栓形成层内侧的 2~3 层薄壁细胞。与木栓形成层、木栓层相比，栓内层细胞明显较大。

（有的棉花老根横切片中未形成周皮，仍然具有表皮和皮层，但中央的次生结构已发生，这是因为维管形成层的发生早于木栓形成层的发生。）

(2) **维管柱**

1）**韧皮部** 在切片中先找到"形成层区"，形成层以外，周皮以内为韧皮部（图 8-6）。

① 初生韧皮部位于次生韧皮部外侧，多已被挤毁，难以辨认。

② 次生韧皮部位于维管形成层的外侧，由筛管、伴胞、韧皮纤维、韧皮薄壁细胞组成。

③ 韧皮射线细胞比其他韧皮薄壁细胞大一些，径向排列，起横向输导作用，整体多呈内窄外宽的喇叭口状，很少呈窄细的整齐形状。

韧皮纤维细胞腔小，细胞壁厚，多成簇存在，一般被染成深红色。

筛管、伴胞、韧皮射线以外的韧皮薄壁细胞，在横切面上不易区分。

2）**维管形成层** 维管形成层位于次生木质部和次生韧皮部之间，是具有强烈分生能力的一层扁长的薄壁细胞。其内外均有刚分裂出来、尚未分化的细胞，它们的形态与形成层细胞相似，因此在横切片上所看的是由多层扁平的细胞组成的"形成层区"（图 8-6）。

3）**木质部**

① 次生木质部。次生木质部位于形成层内方，由导管、管胞、木纤维、木薄壁细胞组成。一些木薄壁细胞径向排列整齐，形成木射线，起横向运输作用（木射线与韧皮射线是内外相连的，两者合称维管射线）。

导管口径大，容易与其他细胞相区分，一般被染成红色，但形成层附近的幼嫩导管，其壁为淡红色或仍为绿色。管胞、木纤维也被染成红色，两者口径均较小，有别于导管；但在横切面上，管胞、木纤维之间却不易区分。木薄壁细胞多被染成绿色，夹杂其中（图 8 - 6）。

② 初生木质部。初生木质部位于次生木质部内方，根的中央区。导管口径比次生木质部导管小。外始式排列的初生木质部，呈 4～5 束辐射状，这是与根的次生构造相区别的主要标志之一（图 8 - 6）。

（四）侧根形态与发生的观察

1. 侧根的形态与发生

观察胡萝卜（韧皮部发达）、萝卜（木质部发达）的肉质直根的外形，分辨主根上各有几行侧根（胡萝卜有 4 行侧根，萝卜有 2 行侧根）。用刀片将胡萝卜（或萝卜）横切，可见侧根的发生为内起源。胡萝卜侧根起源于位于原生木质部和初生韧皮部间的中柱鞘细胞，而萝卜的侧根起源于正对着原生木质部棱的维管柱鞘细胞。

2. 侧根发生的解剖学观察

观察蚕豆侧根发生的横切片，可见正对着原生木质部棱的外方有侧根的生长点。这是此处的维管鞘细胞恢复分裂能力，先平周分裂增加细胞层数，然后向各个方向分裂形成的。它会继续分裂、伸长、分化，最终突破皮层和表皮，形成侧根（图 8 - 7）。随着发育阶段的延长，有的切片上可见侧根已突破表皮，其木质部与主根木质部相连。

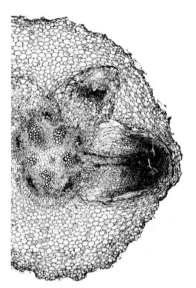

图 8 - 7　蚕豆幼根横切
（示侧根的发生）

四、作业与思考

① 绘制蚕豆根初生结构简图，注明各部分结构名称。

② 绘棉花老根结构简图和部分结构详图，注明各部分名称。

③ 思考双子叶植物的根是如何由生长锥逐步分化出初生结构并进一步形成次生结构的。老根中是否保留着中柱鞘、皮层？为什么？

④ 思考双子叶植物的根由初生结构向次生结构分化的过程中，根的功能发生了哪些变化。

⑤ 思考侧根发生于中柱鞘的位置，从功能上来讲有什么意义？

实验九 茎的形态结构及其发育（一）

一、目的与要求

① 了解茎的基本形态特征、芽的类型和分枝方式。
② 观察茎尖结构，了解其活动规律。
③ 了解禾本科植物的分蘖特点。
④ 掌握单、双子叶植物茎的初生结构特点。

二、材料与用品

1. 实验器材

显微镜，载玻片，盖玻片，吸水纸，擦镜纸等。

2. 实验材料

（1）植物永久制片标本：忍冬顶芽纵切片，黄杨茎尖纵切片，向日葵幼茎横切片，苜蓿幼茎横切片，玉米茎横切片，小麦茎横切片。

（2）不同植物植株或枝条：杨树，椴树，侧柏，丁香，大麦，水稻，玉米等的枝条或茎段。

三、内容与方法

1. 茎的基本形态

取杨树的枝条（图9-1），观察、分析它的形态特征。

（1）**节与节间** 茎上着生叶的位置叫节，两节之间的部分叫节间。

（2）**顶芽与腋芽** 着生于枝条顶端的芽叫顶芽；着生在叶腋处的芽叫腋芽，也称侧芽。

（3）**叶痕与束痕** 叶脱落后在茎上留下的疤痕叫叶痕；在叶痕上的点状凸起是叶柄与枝条中的维管束断离后留下的痕迹，叫束痕。

（4）**芽鳞痕** 芽发育为新枝时，芽鳞脱落后留下的痕迹叫芽鳞痕，常在茎的周围排列成环状。根据枝条上芽鳞痕的数目，可以判断它的生长年龄。

（5）**皮孔** 皮孔为茎表面的裂缝状的小孔，是茎与外界的通气结构，但不同植物的皮孔形态是不同的。

2. 芽的类型与结构

（1）**芽的类型**

1）按芽在枝条上的位置分

① 定芽。芽生长在枝条上有一定的位置，分顶芽和侧芽。
② 不定芽。除顶芽、侧芽以外的芽。

2）按芽的性质分

① 叶芽。包含有多层幼叶，能发育为枝条。
② 花芽。包含有花原基，能发育为花或花序。

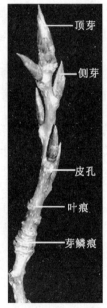

图9-1 杨树枝条形态

③ 混合芽。既包含叶原基，又包含花原基的芽。进一步发育会既开花又长叶。

3）按芽的构造分

① 鳞芽。芽外有芽鳞包被。

② 裸芽。芽外无芽鳞包被。

观察材料枝条上的芽，根据以上分类方法分别试加以分类。

(2) 茎尖结构　取忍冬顶芽纵切片，识别芽的各部分结构（图9-2），可见芽的基本组成。最中央顶端是生长锥，常为半球形，是具有强烈分生能力的原分生组织。其下方两侧的小凸起为叶原基，再向下则是长大的幼叶；幼叶的叶腋内呈圆形凸起的是腋芽原基，将来发展成腋芽；中轴部分则是芽轴，发育成茎或者枝条。

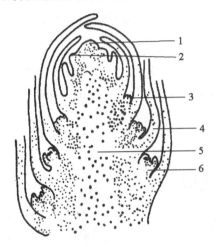

图9-2　忍冬顶芽纵切面
1. 生长锥；2. 叶原基；3. 腋芽原基；4. 幼叶；5. 牙轴；6. 腋芽

高倍镜下观察茎尖细胞结构特点（图9-3），区分茎尖的分区，自上而下可分为分生区、伸长区和成熟区三部分，顶端也没有类似根冠的结构。

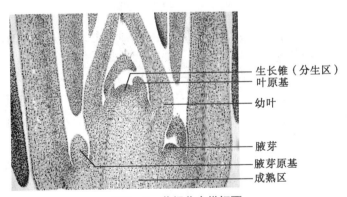

图9-3　黄杨茎尖纵切面

3. 茎的初生结构

(1) 双子叶植物茎的初生结构　取向日葵幼茎横切片观察，可见其幼茎的初生结构由表皮、皮层、维管柱三部分组成（图9-4）。

1）**表皮**　表皮是位于幼茎最外，排列整齐的一层生活细胞，体积较小，细胞内不含

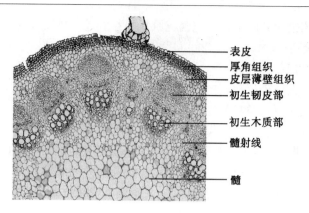

图9-4 向日葵茎部分横切面

叶绿体,细胞外壁角质化,并形成角质层。在表皮上有表毛及气孔器。

2) 皮层 皮层指表皮内方和维管柱之间的部分。这部分细胞是由基本分生组织分裂分化而来的,和根比较所占比例很小。靠近表皮的几层细胞比较小的是厚角组织,细胞在角隅处有加厚。有些植物的茎有棱角时,棱角处厚角组织的层数增多,具有支持幼茎的作用如苜蓿茎(图9-5)。其内是数层薄壁组织,其中有小型的分泌腔。

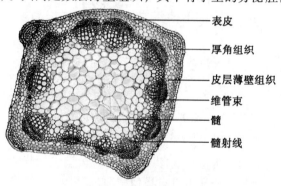

图9-5 苜蓿茎横切面

3) 维管柱 维管柱指茎皮层以内的部分。茎的维管柱较发达,具有较大的比例。由于向日葵的茎没有典型的内皮层和中柱鞘,所以使维管柱与皮层的界限不易区分。

茎的维管柱可分为维管束、髓射线及髓三部分。

① 维管束。由初生木质部和初生韧皮部组成的束状结构,在横切面上,单个维管束常呈椭圆形,许多维管束在皮层内侧排成一环。维管束有大有小,一般在有棱角处维管束较大,每个维管束由下列几部分组成:

初生木质部 位于维管束内侧,包括原生木质部和后生木质部。根据导管分子口径的大小和番红染色的深浅可以判断,靠近中心的是原生木质部,其外方是后生木质部。初生木质部的分化方向为内始式,即自内向外成熟。

初生韧皮部 包括原生韧皮部和后生韧皮部。其发育过程是自外向内成熟,故称外始式。

束中形成层 是保留在初生木质部与初生韧皮部之间的几层具有分裂能力的原形成层细胞。在横切面上显示为细胞扁平、壁薄。

② 髓射线。髓射线是存在于相邻两个维管束之间的薄壁细胞,它连接皮层和髓,承担着髓至皮层薄壁细胞之间的物质运输。相对束中形成层部分的髓射线细胞可转为束间形

成层，参与茎的次生生长。

③ 髓。髓位于茎中央，由许多大型薄壁细胞构成，细胞排列疏松，具有贮藏功能。

(2) 单子叶植物茎的初生结构

绝大多数单子叶植物茎中没有形成层，因而只有初生结构，其构造比较简单，一般不能进行增粗生长。它和双子叶植物茎相比较，主要不同点是其维管束呈星散状分布于基本组织中，因此，没有皮层和髓的明显界限，常见的有两种类型。

1) 不具髓腔　取玉米茎横切片进行观察（图9-6），可见玉米茎是实心体，其横切面上自外向里的结构依次为表皮、基本组织和分布在基本组织中的维管束。

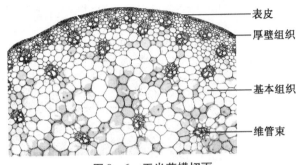

图9-6　玉米茎横切面

① 表皮。表皮为茎最外一层扁方形细胞，排列整齐，外壁加厚，其间分布有气孔器，保卫细胞较小，两侧的副卫细胞稍大，中间裂缝为气孔。

② 基本组织。靠近表皮的数层细胞小而排列紧密，胞壁增厚而木质化的是厚壁组织，称外皮层，有机械支持的作用。内部为薄壁细胞的基本组织，细胞体积较大，排列疏松，并有胞间隙。越靠近茎的中央，细胞的直径越大。在基本组织中有许多维管束呈星散分布。

③ 维管束。维管束分散在基本组织中，靠边缘部分较多，也较小。而在茎中部的维管束分布较少也较大。因此，在玉米茎中没有皮层和髓的界限，也没有维管柱的界限。

换高倍镜仔细观察一个维管束的结构（图9-7），可见到维管束的外围有一圈细胞组成的维管束鞘。维管束只有木质部和韧皮部两部分，其间没有形成层，属有限维管束。其中初生韧皮部在外方，包括在最外方的原生韧皮部和内方的后生韧皮部。

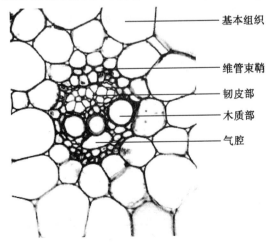

图9-7　玉米茎的维管束横切面

初生木质部通常含有 3~4 个大型的，被染成红色的导管，在横切面上排列成"V"形，其下半部分是原生木质部，由 1~2 个较小的导管和少量的薄壁细胞组成，往往由于茎的伸长而将导管扯破，形成一个空腔，叫气腔或胞间道。"V"形的两臂是后生木质部，为两个大的孔纹导管，之间分布着一些薄壁细胞或管胞。

2) 具髓腔　取小麦茎（节间）横切制片观察（图 9-8），注意与玉米茎的结构进行比较，结构上大致相似，主要区别是：

① 其茎秆中央有髓腔。
② 表皮内侧有几层同化组织的薄壁细胞，并被波形的机械组织分隔。
③ 维管束排为内外两环，内环的较大且较少，外环的较小且较多。

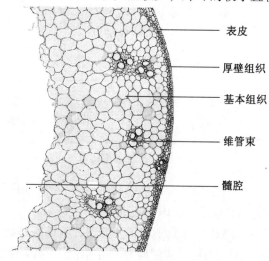

图 9-8　小麦茎横切面

四、作业与思考

① 绘制向日葵或苜蓿部分幼茎横切面详图（包括一个完整的维管束），并注明各部分结构名称。

② 比较双子叶植物根和茎初生结构的区别。

③ 比较根尖与茎尖在形态和结构上的异同。

④ 列表比较双子叶植物茎与禾本科植物茎初生结构的异同，填入下表：

观察点		双子叶植物	单子叶植物
代表植物		（实心茎）	（空心茎）
初生结构	表皮		
	皮层		
	维管束		
	髓		
	髓射线		

实验十 茎的形态结构及其发育（二）

一、目的与要求

① 掌握植物茎中形成层的发生及其活动，了解其次生生长发育的规律。
② 掌握双子叶植物茎的次生结构及其特点。
③ 了解裸子植物茎次生结构特点。
④ 了解茎木材三切面的结构特点。

二、材料与用品

1. 实验器材

显微镜，擦镜纸等。

2. 实验材料

向日葵老茎横切片，3~4年生椴树茎的横切制片，松茎横切片，灯台树、黄菠萝、杉松木材三切面标本，松木和双子叶植物木材三切面标本。

三、内容与方法

双子叶木本植物的茎和裸子植物茎次生生长明显，可以不断加粗而形成乔木和灌木。草本双子叶植物茎形成层活动少，次生生长微弱或有限，故茎的增粗也有限。

（一）茎形成层的发生和活动

观察向日葵茎的横切片，可见在维管束之间相对于束中形成层部位的髓射线细胞恢复分裂能力，形成一些形状扁长的细胞构成束间形成层（图10-1），并向两侧延伸与维管束内束中形成层相连接，二者共同形成维管形成层。形成层向内分裂、分化出次生木质部，向外产生次生韧皮部。在切片上，向内分裂产生的木质部细胞比向外分裂产生的韧皮部细胞多。对于次生生长初期的茎来说，表皮层仍然是茎唯一的保护组织，表皮以内的皮层也很完整。

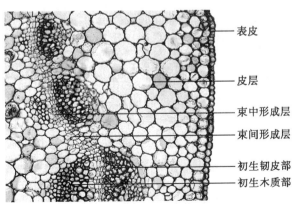

图10-1 双子叶植物茎横切（示形成层发生）

（二）双子叶植物茎的次生结构

取3~4年生椴树茎的横切制片，在显微镜下观察其次生结构（图10-2，图10-3）。

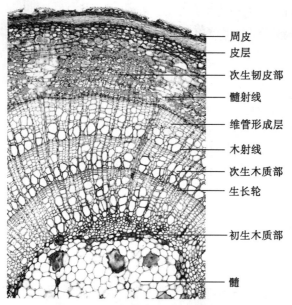

图 10-2 椴树茎三年生枝条横切面

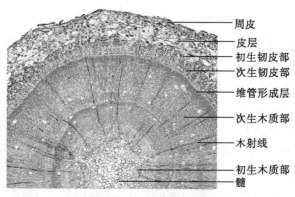

图 10-3 松茎横切面

（1）**表皮** 表皮已基本脱落，仅存部分残片。

（2）**周皮** 已代替表皮行使保护功能。周皮由木栓层、木栓形成层和栓内层组成。注意辨认各组成细胞的特点。

（3）**皮层** 皮层位于周皮之内，细胞特点与栓内层明显不同，仅由数层染成紫红色的厚角组织和薄壁组织组成，有些薄壁组织细胞内含有晶簇。

（4）**韧皮部** 在皮层和形成层之间，整个轮廓呈梯形，与轮廓呈喇叭形的髓射线相间排列。在切片中明显可见被染成绿色的韧皮薄壁细胞、筛管和伴胞与染成红色成束的韧皮纤维；注意识别口径较大的、壁薄的筛管和其旁侧染色较深、具核的伴胞；初生韧皮部位于韧皮部最外侧，数量很少且被挤压，和次生韧皮部不易区别。在次生韧皮部内还有辐射状成行排列的薄壁细胞，即韧皮射线。

（5）**形成层** 形成层只有1层细胞，在横切面上呈扁平状。因其分裂出来的幼细胞还未分化成木质部和韧皮部的各种细胞，所以看上去这种扁平细胞有 4~5 层之多，排列整齐。

（6）**木质部** 形成层以内在横切面上占有最大面积的是次生木质部。在四季分明的地区，前一年夏秋形成的色深的晚材和当年春季形成的色浅的早材形成明显的界线，呈现为同心环状的生长轮线。早材的导管和管胞直径较大而壁薄，颜色较淡；晚材量较少，颜色较深。木质部最靠内的是初生木质部束，导管明显较小。在次生木质部内还有呈放射状排列的薄壁细胞即木射线，它和外面的韧皮射线组成维管射线。

（7）**髓**　髓位于茎的中心，由大型的薄壁细胞（有时会出现少数石细胞）组成。位于髓外侧有一圈较小的厚壁细胞，即环髓鞘（带）。一般髓细胞的内含物较丰富，除有淀粉粒和晶簇外，还含有单宁和黏液等，所以部分细胞染色较深。

（8）**髓射线**　位于初生结构时期的两个维管束之间，在次生生长后依然保留，由髓部向外辐射排列。经木质部时，只有1~2列细胞；至韧皮部时，薄壁细胞行数加多、变宽，因而整个射线从韧皮部到木质部呈喇叭状。维管射线和髓射线都是老茎中起横向输导的薄壁组织，在观察时注意区分这两种射线，前者数目随着茎的生长而增多，而后者数目是定数的，并与维管束数目相同。（请思考：从射线的长度、宽度以及所在位置，如何区分这两种射线？）

（三）裸子植物茎的次生结构

取松树茎横切片观察，可见裸子植物茎和一般双子叶木本植物茎的结构基本相同（图10-3）。由外向内观察，初期有表皮（后期脱落），有周皮、韧皮部、形成层、木质部、髓等。但在松树茎中，皮层薄壁组织和木质部中有一些由分泌细胞所围成的树脂道；在韧皮部内只有筛胞而无伴胞；在木质部内只有管胞而无导管及木纤维。因此从横切面上看，木质部和韧皮部的细胞组成比较简单，细胞大小差别不大。

（四）木材的结构

木材是指木本植物经多年生长积累下来的次生木质部。

1. 木本植物茎干三切面结构的观察

取松树及双子叶植物部分茎干的三切面标本，注意观察三个切面各自的主要特点（图10-4）。

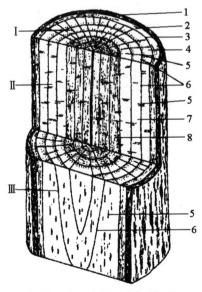

图10-4　木本植物茎三切面
Ⅰ．横切面　Ⅱ．径向纵切面　Ⅲ．切向纵切面

（1）**横切面** 注意树皮的色泽与厚度，它是由哪些组织构成的？树皮以内是木材，这是木本植物茎的主要组成部分。注意观察同心环状的生长轮、边材、心材和射线等。区分边材和心材。

（2）**径向纵切面** 这是沿木本茎中心所作的纵切面，年轮线为纵行排列的平行线，射线为横向平行排列的短线。注意生长轮线的排列方向，边材、心材和形成层的位置，射线的形态。

（3）**切向纵切面** 这是与径直向切面平行垂直于直径（或半径）所作的纵切面。在此切面上，生长轮呈"V"形叠置，射线呈纺锤形。注意观察上述各部分与横切面相比有何不同，和径向切面又有何区别。

2. 双子叶植物木材三切面结构的观察

取灯台树和黄菠萝木材三切面制片，观察3个不同切面上木材所显示的结构特征，从而建立茎结构的立体观念（图10-5、图10-6、图10-7、图10-8）。

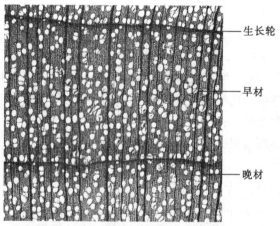

图10-5 灯台树木材横切面（示散孔材）

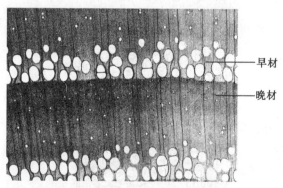

图10-6 黄菠萝木材横切面（示环孔材）

（1）**横切面** 横切面最明显的结构特征是生长轮。注意观察早材和晚材中各类细胞的形态特点。根据导管形态及分布特点，判断这两种树木的木材是环孔材还是散孔材，注意观察木射线及其分布密度。

（2）**径向纵切面** 在径向纵切面中可见木质部中的导管、管胞、木纤维、木薄壁细胞等均呈长形，纵向排列，而木射线细胞则呈径向延长和排列。注意木射线细胞的形状，

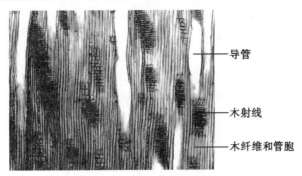

图10-7 灯台树木材径向纵切面

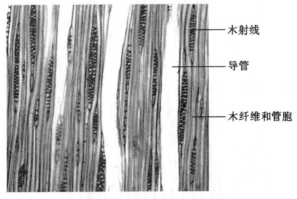

图10-8 灯台树木材切向纵切面

判断这两种木材的射线是同型射线还是异型射线。

（3）**切向纵切面** 注意观察木质部组成细胞在切向纵切面所显示的形态特征。在这个切面中重点注意射线的特点。在茎切向纵切面中，木射线显示的是横切面，因此可以清楚地观察到射线的高度、宽度、密度等。分别统计这两种木材中射线的高度、宽度、密度值。

3. 松木材三切面结构的观察

取杉松木材三切面的制片，在3个不同的切面上，观察杉松次生木质部（木材）各种组织的分布和形态特征（图10-9，图10-10，图10-11）。

（1）**横切面** 观察各种成分的形态特征：管胞呈四边形或多边形；具缘纹孔在管胞的径向壁上呈剖面观；木射线呈放射状排列，仅由一列长方形的薄壁细胞组成；在切面

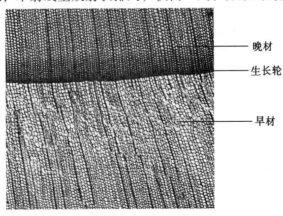

图10-9 杉松木材横切面

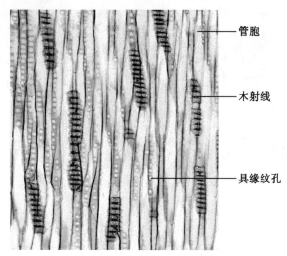

图 10-10　杉松木材径向切面

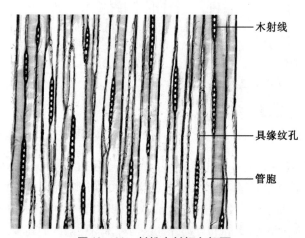

图 10-11　杉松木材切向切面

上,树脂道明显可见,也可观察早材和晚材管胞的不同以及年轮线和年轮。

（2）**径向纵切面**　可见管胞呈纵向排列,细胞长梭形,细胞壁上的具缘纹孔呈正面观;木射线细胞呈纵切状态,并能见其壁上有单纹孔;也可以见到射线的高度,包括射线上、下两侧的射线管胞（死细胞）,中部的射线薄壁细胞（活细胞）;树脂道多呈纵向分布。

（3）**切向纵切面**　管胞呈纵向排列,壁上的具缘纹孔呈剖面观;木射线是横切状态,轮廓为梭形,可以见到木射线的高度与宽度,有时可以见到在较大的木射线中,包埋着横向的树脂道。

四、作业与思考

① 绘一种双子叶植物茎或者松树茎次生结构横切面简图,并注明各部分名称。
② 根、茎中木栓形成层的发生和活动有何不同?周皮和树皮是什么关系?
③ 列表总结裸子植物（松杉）和双子叶木本植物（椴树）的茎在结构组成方面的异同点。

实验十一　叶的形态与结构

一、目的与要求

① 了解一般单子叶、双子叶植物叶和松树针叶的形态结构特点。
② 掌握叶片的解剖结构，并理解其与功能之间的关系。
③ 了解离层的发生部位及结构。
④ 掌握不同生态环境下生长的植物叶的结构特点，理解环境条件对植物器官结构的影响。
⑤ 练习叶的徒手切片。

二、材料与用品

1. 实验器材

显微镜，镊子，刀片，载玻片，盖玻片，吸水纸，擦镜纸等。

2. 实验材料

植物永久制片：女贞叶横切片，棉叶横切片，玉米叶横切片，小麦叶横切片，松针叶横切片，眼子菜叶横切片，夹竹桃叶横切片，杨树叶柄离区切片。

三、内容与方法

（一）基础型实验

1. 叶的形态组成

（1）双子叶植物叶的组成　双子叶植物的完全叶由叶片、叶柄和托叶三部分组成（图11-1），三者缺一或缺二时，称为不完全叶。观察棉、桃、梨、油菜、甘薯（红薯）、烟草的叶，区别哪几种植物的叶是完全叶，哪几种植物的叶是不完全叶。

图 11-1　叶的组成示意

叶片是叶的主体，大部分叶片都是扁平的。叶片的结构分为表皮、叶肉和叶脉三部分。表皮覆盖在叶片的表面，具气孔和厚度不同的角质层。叶肉分布在上、下表皮之间，靠近上表皮的柱状细胞构成栅栏组织，以其长轴与表皮垂直，排列紧密，且细胞内含有较多的叶绿体；靠近下表皮的细胞构成海绵组织，细胞形状不规则，细胞间隙大，且细胞中含有少量的叶绿体。

（2）禾本科植物叶的组成　禾本科植物的叶由叶片和叶鞘组成，有些种类还有叶舌、叶耳等组成部分，叶舌和叶耳等的有无、大小和质地，是鉴定禾木科植物的依据之一

（图 11 -2）。

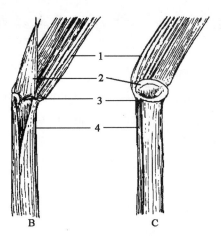

图 11 -2　禾本科植物叶的组成
1. 叶片；2. 叶舌；3. 叶耳；4. 叶鞘

2. 双子叶植物叶片的一般结构

取女贞叶横切永久制片，置于显微镜下观察（图 11 -3），注意区分上下表皮、叶肉、叶脉三部分的基本结构组成。

（1）表皮　表皮细胞为一层排列整齐而紧密的细胞，横切面上呈长方形，外壁较厚，其外有角质层。在表皮细胞中镶嵌分布着成对的肾形细胞即保卫细胞。两个保卫细胞之间的缝隙是气孔，由 2 个保卫细胞和气孔共同构成了气孔器。在表皮上还可以见到表皮毛。

观察时，注意细胞中是否有叶绿体，以及上、下表皮气孔数目的差异。

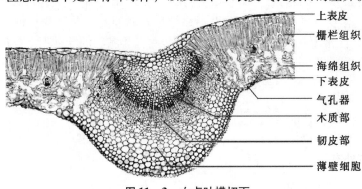

图 11 -3　女贞叶横切面

（2）叶肉　叶肉细胞位于上、下表皮之间，分化为栅栏组织和海绵组织。女贞叶肉明显地分化为栅栏组织和海绵组织。

① 栅栏组织。栅栏组织是紧接着上表皮的一至数层圆柱状细胞，其长轴与表皮垂直，排列紧密。细胞内含有较多的叶绿体，因此，叶片上表面绿色较深，是进行光合作用的主要场所。

② 海绵组织。海绵组织为靠近下表皮的几层形状不规则、胞间隙大的细胞，含叶绿体较少，在气孔器的内方常有大而明显的气室。

注意观察栅栏组织和海绵组织的细胞特点，以及气室的分布位置，思考这些特点与环境及功能具有什么关系。

(3) **叶脉** 叶脉是通过叶肉组织之间的维管系统。在叶中央可找到主脉（中脉），具有较大的维管束。靠近上表皮的是维管束的木质部；靠近下表皮的是韧皮部。在木质部和韧皮部之间可观察到形状扁平的形成层细胞，它们的活动是有限的。在木质部、韧皮部与上、下表皮之间则是薄壁细胞和厚壁细胞。主脉两侧有侧脉和细脉。叶脉越细，结构越简单。在叶脉分支顶端有若干传递细胞。

取棉叶横切片，观察栅栏组织和海绵组织的结构特点以及叶脉在叶片中的分布。

3. 单子叶植物叶的一般结构

以禾本科植物叶为例，禾本科植物叶片结构也是由表皮、叶肉、叶脉三部分组成。

取小麦叶片横切片，观察其内部结构（图11-4）。

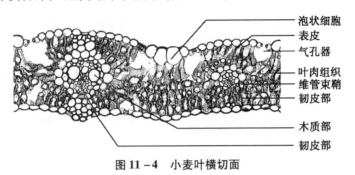

图11-4 小麦叶横切面

(1) **表皮** 上、下表皮各为一层细胞，细胞较小，近矩形。其外壁具有较厚的角质层。除有普遍的长形表皮细胞外，还有2种短细胞：一是硅细胞，二是栓细胞，二者交替排列成行。在普通的表皮细胞间，还有特化为气孔器的细胞，它由4个细胞和气孔组成。其中两个呈哑铃形的是保卫细胞，其中部狭窄，壁厚，两端膨大成球状，壁薄，并可见到叶绿体。保卫细胞两侧的两个呈三角形的小细胞为副卫细胞，无叶绿体。上表皮中还有一些较大的薄壁细胞，常几个连在一起，在横切面上略成扇形，叫泡状细胞。因其与叶片的卷曲有关，也被称为运动细胞。

(2) **叶肉** 均是由几层间隙较小的、富含叶绿体的大型薄壁组织组成，无栅栏组织和海绵组织之分。若将小麦叶肉细胞解离，可观察到峰、谷、腰、环结构。

(3) **叶脉** 小麦的叶脉颜色较浅，为有限维管束。木质部位于近轴面，而韧皮部在远轴面。维管束外有两层维管束鞘，外层细胞较大，壁薄，含有叶绿体；内层细胞小，壁厚。维管束的上下两侧具有厚壁细胞，一直延伸到表皮之下。

小麦是C3植物，玉米是C4植物，C3植物与C4植物叶片维管束结构有明显差异。取玉米叶片横切片观察，注意观察维管束鞘的结构及细胞特点，及其与小麦叶片有何差别（图11-5）。

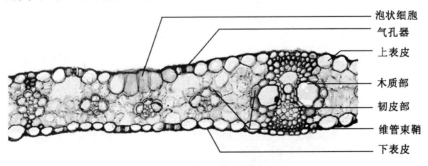

图11-5 玉米叶横切面

4. 裸子植物叶的一般结构

裸子植物以松属植物的针叶为例，其横切面呈三角形或半圆形，由表皮系统、叶肉和叶脉三部分组成（图11-6）。

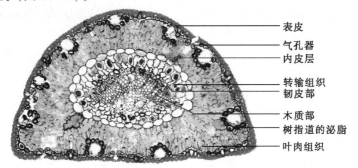

图11-6 松树叶横切面

（1）**表皮系统** 表皮系统包括表皮和下皮层两部分。表皮为一层细胞，排列紧密，细胞壁普遍加厚并强烈木质化，胞腔极小，外壁上形成厚的角质层。气孔明显下陷，冬季气孔被树脂所填充，借以减少水分的蒸发。皮下层是表皮下1至数层纤维状的厚壁细胞，可防止水分蒸发和增强叶的硬度。

（2）**叶肉** 叶肉位于下皮层的内侧，叶肉细胞的细胞壁内折，胞质内富含叶绿体，不分化为栅栏组织和海绵组织。在叶肉组织中有树脂道分布。树脂道由两层细胞围成，外层是厚壁的鞘细胞；内层是薄壁的上皮细胞。树脂道的数目与分布的不同可作为种的鉴别特征。

叶肉细胞最里层细胞的细胞壁栓质化加厚，形成明显的凯氏带结构，称为内皮层。叶肉细胞具有凯氏带结构，是松树叶的特征之一。

（3）**叶脉** 叶脉位于针叶的内皮层以内，有1~2个外韧维管束，其主要由管胞、筛胞组成。木质部在近轴面，韧皮部在远轴面。

5. 离区

观察杨树叶柄离区永久切片，可见有几层排列整齐、扁平的小细胞将茎与叶柄分开。这几层细胞共同组成离区。在染色切片中，此区细胞颜色与周围细胞颜色明显不同。其两侧的细胞颜色也不同：茎侧细胞较深；叶柄侧细胞较浅。随着离区发育，细胞的胞间层黏液化，解体消失，使离区细胞分成两部分：近茎的为保护层；远离茎的为离层（图11-7）。叶基部形成离层、保护层后，在外力作用下，叶柄将在离层处与枝条分离，叶片脱落。

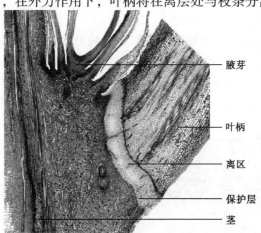

图11-7 杨树叶柄离区

（二）综合型实验

植物的叶对环境条件的变化较敏感，特别是水分条件的变化会明显影响植物叶的结构特征。观察给出的所有植物叶横切制片，根据植物叶在不同生境中的结构变化，判断哪些植物叶具有旱生特性，哪些植物是水生植物，哪些植物是中生植物。

四、作业与思考

① 绘制女贞叶部分横切面简图（包括主脉及两侧叶肉部分），并注明各结构部分名称。

② 仔细观察小麦叶横切片与玉米叶横切片，试述 C3 与 C4 植物在维管束结构上的区别。

③ 试述双子叶植物叶、单子叶植物叶和松树叶的结构特点。

④ 写出本次实验中所有植物叶所属的生态类型和各自的组成部分及其特点。

实验十二　营养器官的变态

一、目的与要求

① 观察了解常见变态器官的形态和结构变化特点。
② 掌握各种变态器官的识别要点。
③ 通过对各类植物变态器官的观察，进一步了解植物能够适应环境而改变其原有性状，以行使特殊功能，并在其形态结构上发生相应的变异，从而提高对植物定向培育的兴趣。

二、材料与用品

1. 实验器材

显微镜。

2. 实验材料

（1）浸制标本　萝卜幼苗，甘薯，玉米支柱根，菟丝子与寄主，莲藕，姜，马铃薯，球茎甘蓝，荸荠，洋葱。

（2）腊叶标本　皂荚，葡萄，黄瓜，石刁柏，洋槐，锦鸡儿，野豌豆属植物，葱属植物。

（3）永久制片　萝卜幼根横切制片，胡萝卜幼根横切制片，甜菜幼根横切制片，甘薯块根横切制片，马铃薯块茎横切制片。

三、内容与方法

（一）验证型实验

观察几种常见变态器官的结构特点。

1. 肉质直根

① 取萝卜的幼苗浸制标本进行观察，可见萝卜的主根逐渐肥大形成肉质变态直根。利用形态学的知识，认识它的上半部由幼苗的下胚轴发育而来，无侧根发生，说明不是根的结构。下半部由主根发育而来，因而在此处可清楚地看到两列侧根。这两部分经过强烈的次生生长和三生生长，形成一个统一体。

② 取萝卜幼根横切制片观察（图12-1，A）。可见萝卜的初生木质部是二原型的，与初生韧皮部相间排列。其次生生长除正常的形成层活动外，主要是次生木质部中的木薄壁细胞恢复分裂能力，转变为次生形成层，称为额外形成或副形成层，再产生三生木质部和三生韧皮部。

③ 取胡萝卜幼根横切制片进行观察，注意比较与萝卜幼根的结构异同（图12-1，B）。

④ 取甜菜幼根横切制片，观察其根的初生结构和次生结构。在次生木质部的薄壁组织中产生三生结构，这种三生结构包括多层成圈的三生维管束和它们之间的薄壁细胞。三生维管束轮数不断增加，轮之间的薄壁细胞发达，与含糖量有关（图12-2）。

2. 块根

块根是由不定根或侧根经过增粗生长而形成的肉质贮藏根。

实验十二　营养器官的变态

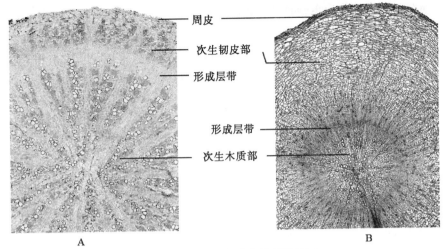

图 12-1　萝卜与胡萝卜幼根横切面
A. 萝卜；B. 胡萝卜

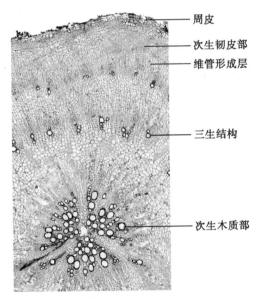

图 12-2　甜菜幼根横切面

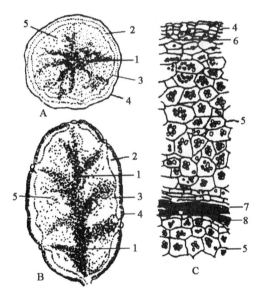

图 12-3　马铃薯块茎构造
A. 横切面；B. 纵切面；C. 横切面的解剖构造
1. 髓部；2. 皮层；3. 维管束；4. 木栓层；5. 薄壁组织；
6. 木栓形成层；7. 形成层；8. 木质部内导管束

① 观察新鲜甘薯的标本，注意其形态。取甘薯块根横切制片进行观察。在切片中可以看到根的次生木质部的薄壁细胞特别发达。木质部中的导管被薄壁组织所隔开。在导管的周围还可以见到扁方形的副形成层细胞。

3. 块茎

观察马铃薯块茎，注意其顶芽、节的痕迹及节上的芽眼。再取马铃薯块茎横切观察（图 12-3），可见表面为深褐色的周皮上有皮孔分布。周皮内为少数几层薄壁细胞构成的皮层；其维管束很发达，属双韧维管束；其外韧皮部不发达，位于形成层以外；形成层围绕着块茎形成一环；木质部极不发达，紧贴于形成层之内；内韧皮部极为发达，占形成层以内最大部分；在块茎的中央则是颜色较浅的髓。

（二）综合型实验

自行收集或认真观察教师提供的相关植物的变态器官，根据已学的植物学基本知识，特别是根、茎、叶的形态学识别要点，辨认实验材料是哪种器官的变态，变态后功能发生了何种变化。

四、作业与思考

① 将观察的植物鉴别后，填入下表：

植物名称	变态器官	变态后功能	鉴别依据及特征

② 营养器官变态有何意义？

③ 举例说明什么是"同源器官"？什么是"同功器官"？

实验十三 花的形态与结构

一、目的与要求

① 了解花各部分的内部结构。
② 掌握花药和花粉粒的结构。
③ 掌握子房、胚珠的结构和成熟胚囊的结构。

二、材料与用品

1. 实验器材

显微镜，镊子，解剖针。

2. 实验材料

桃花、油菜花，小麦穗浸制标本，油菜花蕾纵、横切制片，百合成熟花药横切片，百合幼嫩花药横切片，百合子房横切片。

三、内容与方法

（一）花结构组成的观察

1. 双子叶植物花的组成

取一朵油菜花或桃花，识别花的各组成部分。注意观察雄蕊数量、雌蕊形态特征，以及花托的形状（图13-1）。

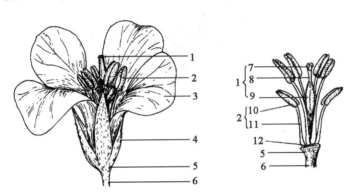

图 13-1 油菜花的组成
1. 雌蕊；2. 雄蕊；3. 花瓣；4. 花萼；5. 花托；6. 花柄；7. 柱头；
8. 花柱；9. 子房；10. 花药；11. 花丝；12. 蜜腺

2. 禾本科植物花的组成（图13-2，图13-3）

取小麦的一个小穗，找出两个颖片的位置，注意观察小穗中有几朵小花，各个小花的发育程度是否有差别。从小穗基部取一朵小花，用镊子解剖开，辨认小花的各个组成部分：外稃、内稃、浆片、雄蕊、雌蕊。注意观察雄蕊的数量、柱头的形态特点。

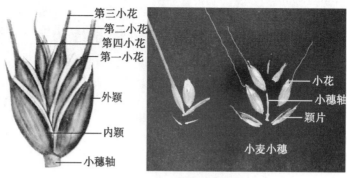

图13-2 小麦小穗的组成

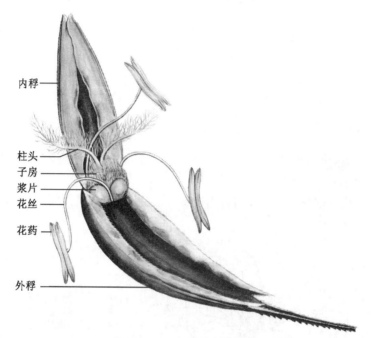

图13-3 小麦小花的组成

（二）花药解剖结构的观察

1. 分化完全的花药结构

取百合幼嫩花药横切制片观察（图13-4），可见花药有两个药室由药隔左右对半分开，每一药室又分为两个花粉囊。在花粉囊中充满花粉粒母细胞。药隔的中上部有一维管束，其四周为许多薄壁细胞所围绕。

仔细观察时，可见此时花药的壁已发育完全，包括以下组成：

（1）**表皮** 表皮为最外一层细胞，体积较小，具角质层，包围着整个花药，起保护作用。

（2）**药室内壁** 药室内壁指表皮内1层近方形的大型细胞。

（3）**中层** 中层在药室内壁的内侧，由1~3层体积较小的、沿切向延长的扁平细胞构成。

（4）**绒毡层** 绒毡层位于药壁的最内层，仅有1层细胞，长柱状，核大，质浓，具有腺细胞的特征。

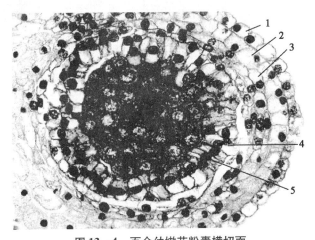

图 13-4　百合幼嫩花粉囊横切面
1. 表皮；2. 药室内壁；3. 中层；4. 绒毡层；5. 花粉母细胞

2. 发育成熟的花药结构

取百合成熟花药横切制片观察（图 13-5），可见花药纵裂，一侧的两个花粉囊打通。在开裂处的表皮细胞特化为唇细胞，细胞较大，染色较深。药壁的药室内壁层已特化为有螺旋状加厚花纹的纤维层。在花药的最外围有一薄层状的表皮层，而中层和绒毡层已作为花粉粒发育的原料被吸收而仅剩残余。花粉囊内充满花粉粒。

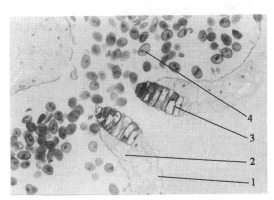

图 13-5　百合成熟花药横切面
1. 表皮；2. 纤维层；3. 唇细胞；4. 花粉粒

换高倍镜仔细观察花粉粒的结构及形态，可见花粉粒中往往有两个明显的核。其中一个较大，呈圆形，是营养核；另一个较小的是生殖核，呈菱形或圆形。

（三）子房解剖结构的观察

取百合子房横切制片观察（图 13-6），可见整个百合的子房由 3 个心皮彼此连合而形成，是一个 3 室的复雌蕊，在每个心皮的内侧边缘上各有一纵列胚珠，属中轴胎座。在整个子房内，共有胚珠 6 列。注意识别心皮的背缝线和腹缝线。

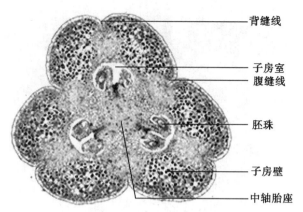

图 13-6　百合子房横切面

取出一个通过胚珠正中的切面（图 13-7），仔细观察可见胚珠生有珠柄，由珠柄与胎座相连。逐步移动切片，寻找珠被、珠孔、合点、珠心和胚囊几个部分。

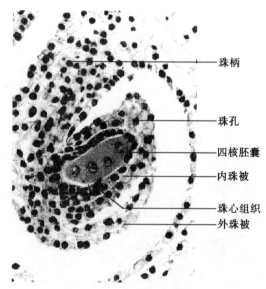

图 13-7　百合胚珠纵切面

（1）**珠被**　珠被包在胚珠外围，一般分 2 层，分别称为外珠被和内珠被。

（2）**珠孔**　内、外珠被的顶端不闭合，所保留的孔隙，即珠孔。注意其珠孔与珠柄在同一侧，所以百合胚珠属倒生胚珠类型。

（3）**合点**　合点位于珠孔相对的一端，是由胎座进入胚珠的维管束，经珠柄分叉进入珠被与珠心，三者连接处即为合点。

（4）**珠心**　即珠被内侧的结构。

（5）**胚囊**　位于珠心中间，成熟的胚囊为一大的囊状腔，内有 7~8 个细胞。在靠近珠孔一端有 3 个细胞，居于中间的为卵细胞，形状较大，两侧的为 2 个助细胞，较卵细胞略小，三者共同构成卵器。靠近合点端，有 3 个反足细胞。在胚囊中间可寻找到极核（2 个）或中央细胞（1 个）。

四、作业与思考

① 绘制百合成熟花药横切面的简图。

② 绘制百合子房横切面的简图及一个成熟胚珠的结构。

③ 成熟花粉粒（雄配子体）的结构如何？怎样从孢原细胞发育为小孢子（单核花粉粒）？又如何进一步发育为成熟的雄配子体（包括 2 种形式）？

④ 胚囊在什么地方形成？以单孢子胚囊（又称蓼型胚囊）为例，说明孢原细胞是如何发育为雌配子体（成熟胚囊）的？

实验十四　胚的发育及种子的形成

一、目的与要求

① 掌握双子叶植物（荠菜）胚的发育过程与规律。
② 掌握单子叶植物（玉米）胚的发育特点。
③ 了解种子形成的过程。

二、材料与用品

1. 实验器材

显微镜。

2. 实验材料

荠菜子房切片，荠菜幼胚纵切片，荠菜成熟胚纵切片，小麦籽粒纵切片。

三、内容与方法

1. 双子叶植物（荠菜）胚及胚乳的发育

(1) 幼胚的发育和结构　取荠菜幼胚纵切制片观察，注意识别以下各结构部分。

① 胚柄。在紧挨珠孔之内方，有一个大型的细胞，它与一串小细胞相连，共同组成胚柄，可将幼胚推送到胚囊的中部，以便更好地吸收营养（图 14-1，A）。

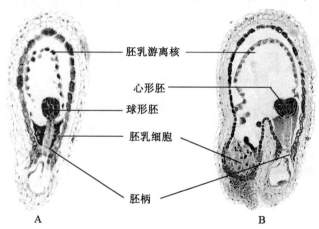

图 14-1　荠菜胚及胚乳的发育
A. 原胚时期；B. 心形胚时期。

②原胚。原胚是胚还没有分化出各种器官的原始时期。一般原胚多呈球形，亦称为球形胚，位于胚柄的远端。注意此时胚乳呈游离核状态，在珠孔端有少量胚乳细胞形成（图 14-1，A）。

③ 分化胚。是指胚开始分化出各种器官直到这些器官分化完全之前。分化胚先呈心脏形，此阶段又称为心形胚；此时在合点端也出现了胚乳细胞（图 14-1，B）。当胚可辨认出子叶和下胚轴时，整个胚体呈鱼雷形（图 14-2）；继续生长，胚变弯曲。注意观察这一阶段胚乳的发育情况。以后子叶继续生长伸展到合点端。观察这个发育阶段胚乳的情况，是否还有胚乳（图 14-2）。

（2）成熟胚的结构和种子的形成 观察荠菜成熟胚纵切制片，可见由于荠菜是弯生胚珠，所以胚也发育成弯形。注意识别成熟胚的胚芽、胚轴、胚根和子叶四部分：胚根位于近珠孔或基细胞的一端；胚根之上为胚轴；子叶位于远珠孔的一端，大型；夹在两个大型子叶之间的小凸起是胚芽（图14-3）。

此时，珠被已发育为种皮，整个胚珠形成了种子。

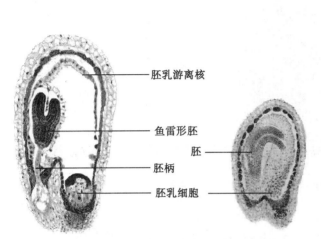

图14-2 荠菜胚及胚乳的发育——鱼雷胚时期

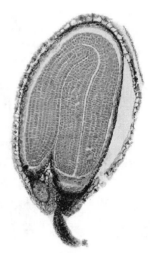

图14-3 荠菜胚及胚乳的发育——成熟胚时期

2. 单子叶植物（小麦）胚和胚乳的发育（图14-4）

（1）幼胚的发育和结构 取小麦幼胚纵切片，观察一个时期的幼胚（如原胚、棒状胚、分化胚等）。注意子叶（盾片）的发育情况，胚芽鞘和胚根鞘的发生以及整个幼胚的细胞结构。

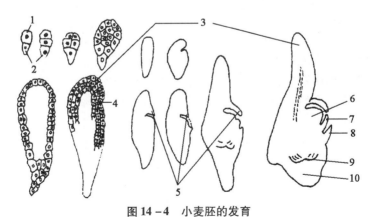

图14-4 小麦胚的发育
1. 胚细胞 2. 胚柄细胞 3. 盾片 4. 生长锥 5. 胚芽鞘 6. 胚芽生长锥
7. 第一营养叶 8. 胚芽鞘 9. 胚根 10. 胚根鞘

（2）成熟胚的结构 取小麦成熟胚的纵切片观察（图14-5），首先注意区别胚和胚乳两大部分，然后识别胚的各结构部分，如胚芽、胚芽鞘、胚轴、胚根、胚根鞘和子叶等。其中胚芽和胚根染色较深，有时在胚根中已见有原形成层的分化。相对于盾片的另一侧，发育有外胚叶（请思考它的起源）。

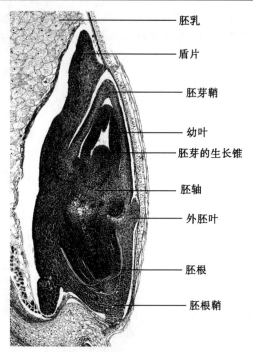

图 14-5　小麦成熟胚的结构

若以玉米胚为观察材料，注意其与小麦胚的结构基本相同，但没有外胚叶。

（3）核型胚乳的观察　在靠近胚囊的边缘，有呈游离状态的胚乳细胞核，分布在共同的细胞质中。有时，还可观察到正在分裂的胚乳细胞核。注意观察有无细胞壁的形成和细胞质的分隔。在该部分的外侧则是大量的胚乳细胞。

四、作业与思考

① 绘制荠菜胚发育过程的简图。
② 对比单、双子叶植物胚胎发育的异同。
③ 卵受精后，怎样发育成胚？与此同时，胚囊内还发生了什么变化？
④ 核型胚乳是如何发育的？
⑤ 种子是怎样形成的？

第三部分　植物系统分类部分

实验十五　植物界的基本类群

一、目的与要求

① 通过对代表植物的观察，掌握植物界各基本类群的主要特征及其代表植物的特征和生活史。

② 通过各类群特征比较了解它们在植物界的系统地位，建立系统发育的概念，了解植物界的进化趋势。

二、材料与用品

1. 实验器材

体视显微镜，显微镜，镊子，解剖针，载玻片，盖玻片，吸水纸，擦镜纸等。

2. 实验材料

细菌三型永久制片，水绵制片，水绵接合生殖永久制片，念珠藻永久制片，硅藻等单胞藻装片，团藻装片，黑根霉永久制片，伞菌子实体标本，壳状、叶状、枝状3种地衣标本，异层地衣永久制片，葫芦藓、地钱、土马鬃等浸制标本，苔藓植物颈卵器、精子器纵切片，蜈蚣草、问荆、大叶瓦韦等标本，蕨叶上的孢子囊群和原叶体装片，松的雌、雄孢子叶球纵切片，具球果的松枝、麻黄等，干的地木耳或发菜、蘑菇实物。

三、内容与方法

（一）低等植物

低等植物的主要特征是：植物体无根、茎、叶分化（又称原叶体植物）；雌、雄生殖器官为单细胞结构（极少数例外）；合子不形成胚而直接萌发长成新植物体（也称无胚植物）。

低等植物一般生活在水体或潮湿的地方。可分为藻类、菌类、地衣3类。

1. 藻类植物

藻类多水生，含有各种色素，可进行光合作用，营养方式是自养。

（1）**蓝藻**　取念珠藻永久制片（图16-1）观察。念珠藻的植物体由念珠状的丝状体组成，外形呈片状、球状或发丝状，外面有胶质鞘包被。细胞内无真正的细胞核和载色体，注意区分营养细胞、异形胞和厚垣孢子。（请思考，蓝藻有根、茎、叶分化吗？）

取干的发菜，先用水将其发胀，观察其外部形态。显微观察时，用镊子取水中浸泡的少许发菜的胶质丝，置于载玻片中央，滴加一滴蒸馏水，用解剖针将胶质丝轻轻破碎，盖

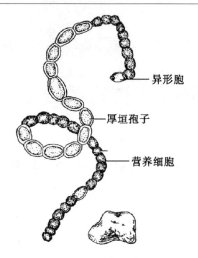

图 16-1 念珠藻

上盖玻片，用解剖针柄轻轻压盖玻片，使材料均匀散开，制成水封装片。在低倍镜下找到丝状藻体后转入高倍镜下依照以下要点进行观察：①观察胶质中包埋的藻丝的数量，藻丝形状，是否分枝？②每一藻丝外是否有明显的胶质鞘？③可否区分出普通的营养细胞、异形胞和厚垣孢子？

本实验也可撕取水中吸胀的地木耳作为观察材料，观察要点同上。

(2) **绿藻** 绿藻为直核细胞，细胞内有真正的细胞核和载色体。

① 取水绵永久制片观察（图16-2），水绵为多个细胞构成的丝状体，注意植物体有无根、茎、叶分化。试区别细胞核和螺旋带状载色体。

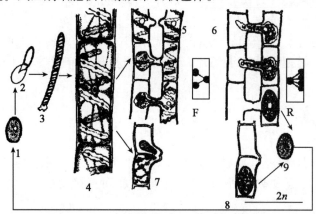

图 16-2 水绵属
1. 经减数分裂后的合子；2. 萌发的合子；3. 幼植体；4. 营养体；
5、6. 梯形结合；　7、8. 侧面结合；9. 合子；F. 受精；R. 减数分裂

② 观察水绵接合生殖装片（图16-2），可以看到，两条并列的藻丝细胞中部侧壁产生凸起，凸起两两相对，相接触处横壁解体形成一结合管。注意在此过程中，原生质体逐渐浓缩成配子。由1条藻丝中配子囊内的配子以变形运动的方式移入另一条藻丝的一个配子囊中，2个配子结合形成合子。这样，使原来的1条藻丝的一些细胞仅留下空壁，另1条藻丝的一些细胞中形成了合子。注意其形态。这种结合方式称为"梯形结合"。（请思考，藻类生殖器官是多细胞的还是单细胞的？合子萌发形成胚吗？）

③ 观察小球藻、衣藻永久制片，可见它们均为单胞藻。
④ 观察团藻永久制片，可见植物体为群体。

2. 菌类植物

菌类植物多生于阴湿处，不含色素，营养方式为异养。

（1）细菌 取细菌永久制片，于高倍镜下观察，细菌为单细胞生物，有球菌、杆菌、螺旋菌 3 种类型，细胞内无真正的细胞核。

（2）真菌 细胞内有真正的细胞核。

① 取黑根霉永久制片（图 16-3），显微镜下观察。注意区分组成黑根霉菌丝体的假根、匍匐菌丝、孢子囊梗和孢子囊、孢子。注意在高倍镜下观察：菌丝有无横隔；假根是否分枝。

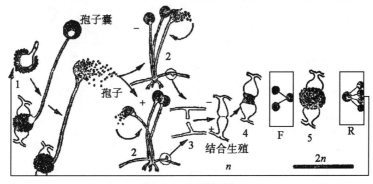

图 16-3 黑根霉
1. 合子萌发；2. 无性繁殖；3. 异性菌丝接触；4. 配子囊形成；5. 合子；F. 受精；R. 减数分裂

② 观察伞菌的子实体——蘑菇等。

3. 地衣

地衣为菌类和藻类的共生体。

① 取叶状、壳状、枝状地衣标本观察（图 16-4）。

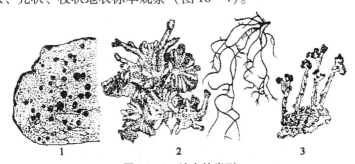

图 16-4 地衣的类型
1. 壳状地衣；2. 叶状地衣；3. 枝状地衣

② 取异层地衣永久制片观察，区分上、下皮层，藻胞层，髓层。

（二）高等植物

高等植物的主要特征是：植物体有根、茎、叶的分化（又称茎叶体植物）；雌性生殖器官由多细胞构成；合子形成胚，然后再萌发为植物体（也称有胚植物）。

高等植物一般生活在陆地上，可分为苔藓、蕨类、种子植物 3 类。

1. 苔藓植物

苔藓植物植物体有茎、叶分化，但没有真正根的分化，没有维管束，配子体占优势，孢子体寄生于配子体上。

（1）葫芦藓 取葫芦藓浸制标本观察。常见的葫芦藓植物体（小型直立）是其配子体，无背腹性，而有原始茎、叶分化，茎基部有假根。葫芦藓雌雄同株，但生殖器官着生于不同类型的枝上。孢子体生长期短，着生于配子体短枝顶部，由基足、蒴柄和孢蒴组成（图16-5）。观察其孢子体和配子体。（请思考孢子体能否独立生活？）

观察葫芦藓颈卵器和精子器纵切片（图16-5），辨别精子器、颈卵器及隔丝、苞叶。

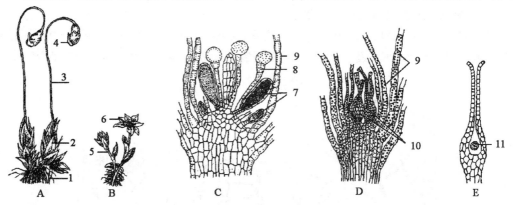

图16-5 葫芦藓

A. 具孢子体的植株；B. 具颈卵器和精子器的植株；C. 雄枝枝端纵切面；
D. 雌枝枝端纵切面；E. 已受精的颈卵器，颈沟细胞、腹沟细胞已消失

1. 假根；2. 叶；3. 孢子体；4. 蒴帽；5. 雌枝；6. 雄枝；7. 精子器；8. 隔丝；9. 苞叶；10. 颈卵器；11. 受精卵

（2）地钱 观察地钱标本。常见的地钱植物体（叶状体）是其配子体，其背面有孢芽杯和气孔，腹面有假根和鳞片。地钱为雌雄异株，注意观察所提供的材料中，有无"雄生殖器托"和"雌生殖器托"（图16-6）。雄生殖器托下部为一长柄，上部呈盘状，其边缘有缺刻。雌生殖器托下部为一长柄，上部呈星状深裂，在裂片下方有颈卵器。

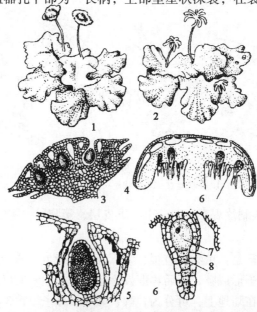

图16-6 地钱植物体外形及雌雄生殖器托纵切面

1. 雄配子体；2. 雌配子体；3. 雄生殖器托；4. 雌生殖器托；5. 精子器；
6. 颈卵器；7. 卵细胞；8. 腹沟细胞；9. 颈沟细胞

取雄生殖器托纵切片，于显微镜下观察精子器的数目和排列方式。取雌生殖器托纵切片进行显微观察，注意其颈卵器的形状，注意分辨颈沟细胞、腹沟细胞和卵细胞（图 16-6）。

取地钱孢子体纵切片于显微镜下观察，注意分辨组成孢子体的基足、蒴柄和孢蒴三部分。

2. 蕨类植物

蕨类植物大多数营陆生生活，植物体有真正的根、茎、叶的分化，有维管束，孢子体占优势，孢子体和配子体均能独立生活。

① 观察蜈蚣草标本，找一找其孢子囊群在哪里；进而再观察蕨叶孢子囊群永久制片（图 16-7）。

② 观察问荆、瓦韦等蕨类标本。

③ 观察蕨的配子体——原叶体的装片，分辨一下颈卵器和精子器。

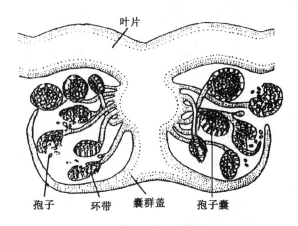

图 16-7　蕨孢子囊群的纵剖面

3. 种子植物

种子植物绝大多数为陆生，产生种子，有形成层，有花粉管产生，受精作用不需要水，孢子体发达，配子体简化并寄生于孢子体上。

（1）裸子植物　裸子植物种子裸露（胚珠也是裸露的），有管胞和筛胞的分化（麻黄属等已有导管的分化）。

观察油松长有雄球花（小孢子叶球）和雌球花（大孢子叶球）的枝条。注意区分长枝和短枝，注意观察长枝上的鳞片，短枝上的营养叶和叶鞘，针形的营养叶呈几针一束。分别观察雄球花和雌球花的形态和在枝条上的着生位置以及发育成熟程度（图 16-8）。

1）大孢子叶球（雌球花）的解剖和观察　取 1 个大孢子叶球进行观察，找到珠鳞和苞鳞。注意观察它们在中轴上的排列方式。用镊子取下一片完整的珠鳞，置于解剖镜下观察，先观察其背面，找出基部的苞鳞，再翻过来观察其腹面，可见近基部有 2 个倒生的胚珠。取油松大孢子叶球纵切片，识别裸露的胚珠。

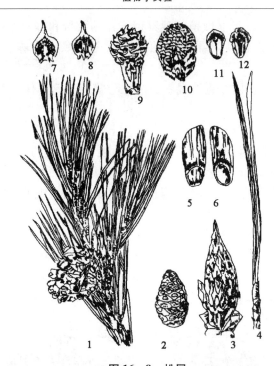

图 16-8 松属
1. 果枝；2. 球果；3. 芽；4. 短枝；5-6. 种子的背腹面；7. 大孢子叶腹面；
8. 大孢子叶背面；9. 雌球花；10. 雄球花；11-12. 小孢子叶的背腹面

2）小孢子叶球（雄球花）的解剖和观察　取1个小孢子叶球进行观察，注意小孢子叶在中轴上的排列方式。用镊子小心取下1片小孢子叶（雄蕊）放在解剖镜下观察，可见小孢子叶背面着生2个小孢子囊（花粉囊）。用解剖针打开小孢子囊，能见到许多小孢子（花粉），用显微镜观察小孢子的临时装片，看看小孢子有何特点。

3）球果及种子的观察　取油松3年生大孢子叶球，可见种鳞螺旋状排列在果轴上。取下1片种鳞，有时腹面能找到2枚带翅的种子。种鳞背侧顶端扩大成鳞盾，鳞盾中部隆起的为鳞脐，鳞脐中央的小凸起叫鳞棘。（请思考种鳞和珠鳞的关系。）

（2）被子植物　被子植物种子和胚珠分别包被在果皮和心皮中，有导管、纤维及筛管和伴胞的分化，双受精现象和3倍体胚乳出现。

观察从略。

四、作业与思考

① 试列表总结植物界基本类群的主要特征和进化趋势。
② 观察并鉴定校园内常见的裸子植物。

实验十六　被子植物分类形态学基础

一、目的与要求

通过观察被子植物营养器官和生殖器官的形态类型，掌握被子植物分类常用的形态术语。运用所掌握的形态术语，对植物进行描述。

二、材料与用品

1. 实验器材

体视显微镜，刀片，镊子，解剖针。

2. 实验材料

被子植物根、茎、叶、花序、花、果实形态类型的盒式标本、浸制标本及风干标本。

三、内容与方法

参照指导书，并对照实物标本进行仔细观察，掌握每一形态术语的概念、要点及与相近类型的区别。

（一）根

1. 根的种类（图 17-1）

（1）主根　观察苜蓿等植物根系标本。主根是种子萌发时最先突破种皮的胚根发育而成的根，通常明显粗大，形成地下的主轴。

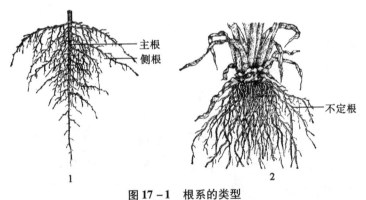

图 17-1　根系的类型

1. 直根系（紫花苜蓿）；2. 须根系（玉米）

（2）侧根　侧根是由主根上发生的各级大小分支根。

（3）不定根　不定根是由茎、叶和老根上发生的根。

2. 根系的类型（图 17-1）

（1）直根系　观察紫花苜蓿等植物的根系标本。主根明显粗长，垂直向下生长，各级侧根小于主根，斜伸向四周的根系。

（2）须根系　观察小麦、玉米的根系。主根不发达，早期即停止生长或萎缩。由茎基部发生许多较长，粗细相似的不定根组成根系。大多数根呈须毛状。

3. 根的变态（图17-2）

（1）肉质根

① 肥大直根。观察萝卜、胡萝卜、甜菜等植物的根。直根由主根发育而成，粗大单一。

② 块根。观察甘薯、大丽菊、甘草等植物根标本。块根由侧根和不定根经过增粗生长而成。

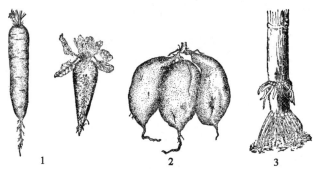

图17-2 根的变态
1. 肉质直根（左：胡萝卜，右：甜菜）；2. 块根（甘薯）；3. 支持根（玉米）

（2）寄生根（吸器） 菟丝子、列当、桑寄生、锁阳等寄生植物，产生不定根伸入寄主体内吸收养料和水分，故又称吸器。

（3）支持根 观察玉米、高粱等禾本科植物，在接近地面的节上，常产生不定根，增强支持作用和吸收作用。

（二）茎

1. 地上茎（图17-3）

根据地上茎生长习性，可分为：

（1）**直立茎** 垂直立于地面的茎。

（2）**斜升茎** 最初偏斜，后变直立的茎。如斜茎黄芪。

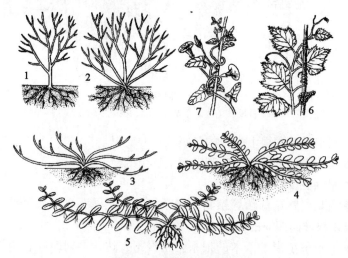

图17-3 茎的生长习性
1. 直立茎；2. 斜升茎；3. 斜倚茎；4. 平卧茎；5. 匍匐茎；6. 攀缘茎；7. 缠绕茎

（3）**斜倚茎**　基部斜倚地上的茎。如蒿蓄、马齿苋。
（4）**平卧茎**　平卧地上的茎。节上不生不定根。如蒺藜。
（5）**匍匐茎**　平卧地上，但节上生不定根的茎。如鹅绒委陵菜、白车轴草。
（6）**攀缘茎**　用小根、叶柄或卷须等其他特有的变态器官攀缘他物上升的茎。葡萄、黄瓜、豌豆等以卷须攀缘他物上升，地锦、爬山虎以卷须顶端的吸盘附着在墙壁或岩石上。
（7）**缠绕茎**　缠绕他物上升的茎。如打碗花、牵牛。

2. 地下茎的变态（图17-4）

（1）**根状茎**　观察赖草、羊草标本。地下茎匍匐生长于土壤中，有明显的节和节间，叶退化为膜质鳞片状，顶芽和腋芽明显，并可发育成地上枝，节上产生不定根。

（2）**块茎**　观察马铃薯标本。地下茎短缩肥大，顶端有顶芽，侧部有螺旋状排列的芽眼（侧芽），幼时可见退化的膜质叶，每个芽眼可有数个芽，相当于腋芽的主芽和副芽。

（3）**球茎**　观察荸荠、芋头等标本。地下茎肥大、短而扁圆，顶端有粗壮的顶芽，有明显的节和节间，节上有干膜质的鳞片和腋芽，球茎下部有多数不定根。

（4）**鳞茎**　观察洋葱、蒜、百合等标本。鳞茎为由多数肉质鳞叶包被着短缩的茎（鳞茎盘）而成的大致的球形地下茎。常外被膜质鳞叶。鳞茎盘下部生有多数不定根。

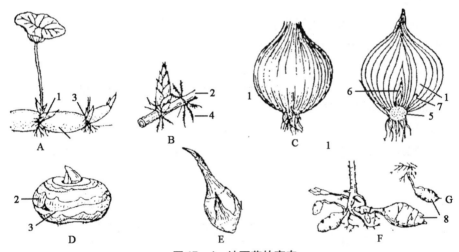

图17-4　地下茎的变态
A、B. 根状茎（A. 莲　B. 竹）；C. 鳞茎（洋葱）；D、E. 球茎
（D. 荸荠　E. 慈姑）；F、G. 块茎（F. 菊芋　G. 螺丝菜）
1. 鳞叶；2. 节间；3. 节；4. 不定根；5. 鳞茎盘；6. 顶芽；7. 腋芽；8. 块茎

3. 地上茎的变态

（1）**卷须**　观察葡萄、葫芦等攀缘植物的标本。卷须是由枝变态而成，用以攀缘他物上升，常出现于叶腋或叶对生处。

（2）**刺**　观察沙棘、梨、山楂等植物的标本。它们的一部分枝变成刺，具有防止动物伤害的保护作用。

（3）**肉质茎**　观察仙人掌。叶退化成刺；茎绿色、肉质、肥大而多汁，具发达的贮水组织。

(三) 叶

1. 叶的组成（图 17-5）

观察杨树标本，注意分辨叶的组成部分。

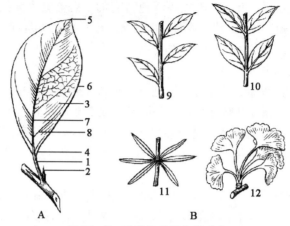

图 17-5　叶的组成部分及叶序
A. 叶的组成部分：1. 叶柄；2. 托叶；3. 叶片；4. 叶基；5. 叶尖；6. 叶缘；7. 中脉；8. 侧脉的
B. 叶序：9. 互生；10. 对生；11. 轮生；12. 簇生

2. 单叶与复叶

观察榆树叶，在一个叶柄上只生有一个叶片，为单叶。观察中间锦鸡儿叶，在一个总叶柄上生有两个以上小叶，为复叶，数一下总叶柄上生有几个小叶。（请思考，单叶与复叶有何区别？）

复叶的总叶柄，叫总叶柄或总叶轴；组成复叶的每一个叶，叫小叶；小叶的叶柄，叫小叶柄；小叶的托叶，叫小托叶。

3. 复叶的类型（图 17-6）

（1）羽状复叶　观察苦豆子、甘草、蚕豆等的复叶。可见多个小叶排列于总叶柄的两侧，呈羽毛状。数一下小叶的数目，确定是奇（单）数羽状复叶还是偶（双）数羽状复叶。

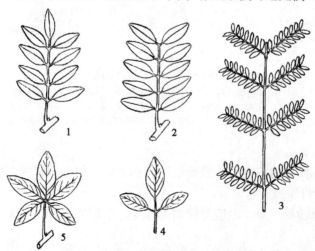

图 17-6　复叶的类型
1. 奇数羽状复叶；2. 偶数羽状复叶；3. 二回羽状复叶；4. 羽状三出复叶；5. 掌状复叶

倘若总叶柄两侧有成羽状排列的分枝，此分枝叫羽片。其上着生有羽状排列的小叶者，叫二回羽状复叶，如羽片像总叶柄一样，再一次分枝时，叫三回羽状复叶。依此，羽片再次分枝，叫多回羽状复叶。

（2）**掌状复叶** 观察大麻叶。可见数个小叶集生于总叶柄的顶端，展开如掌状。

（3）**三出复叶** 观察大豆、草木犀、紫花苜蓿、红车轴草的复叶。注意总叶柄上有几个小叶，注意分辨是羽状三出复叶还是掌状三出复叶。

4. 叶序（图17-5）

（1）**互生** 观察榆树标本。每节上只着生1片叶，叶交互着生在相邻的节上。

（2）**对生** 观察益母草、紫丁香标本。每节上相对着生2片叶。

（3）**轮生** 观察夹竹桃、茜草标本。每节上着生3片或3片以上的叶，呈轮状。

（4）**簇生** 观察落叶松、小檗标本。2片或2片以上的叶，着生在极度缩短的侧生短枝的顶端，呈丛簇状。

（5）**基生** 观察车前标本。叶着生在极短缩的茎上，状如从根上生出。

5. 脉序（图17-7）

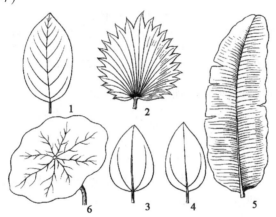

图17-7 脉序
1. 羽状脉；2. 掌状脉；3. 掌状三出脉；4. 离基三出脉；5. 平行脉；6. 射出脉

（1）**网状脉** 网状脉的叶脉数回分枝后，互相联结而组成网状，而最后一次的细脉消失在叶肉组织中。大多数双子叶植物的叶脉属此类型。依主脉数目和排列方式，又可分为：

① 羽状脉。观察榆树、青杨叶。叶具1条明显的主脉（中肋），两侧有羽状排列的侧脉。

② 掌状脉。掌状脉为几条较粗的，由叶片基部射出的叶脉，如南瓜、蓖麻、葡萄。

（2）**平行脉** 多数大小相似而显著的叶脉平行排列，由基部至顶端或由中脉至边缘，没有明显的分枝，但最后一次分枝的细脉梢是汇合在一起的。大多数单子叶植物的叶脉属此类型。

① 直出脉（纵出平行脉）。观察小麦、玉米叶。叶脉由叶基延伸至叶尖，主脉与侧脉平行排列。

② 侧出脉（横出平行脉）。观察芭蕉叶。侧脉与主脉垂直。而侧脉彼此平行排列。

③ 射出平行脉。观察棕榈叶。叶脉自叶片基部辐射而出。

(3) **弧形脉** 观察车前、马蹄莲、玉竹的叶。叶片较阔短，叶脉自叶基发生，汇合于叶尖，但中部脉间距离较远，呈弧状。

6. 叶片的形状（图17-8）

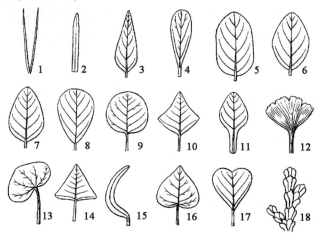

图17-8 叶片形状

1. 针形；2. 条形；3. 披针形；4. 倒披针形；5. 矩圆形；6. 椭圆形；7. 卵形；
8. 倒卵形；9. 圆形；10. 菱形；11. 匙形；12. 扇形；13. 肾形；
14. 三角形；15. 镰形；16. 心形；17. 倒心形；18. 鳞形

(1) **针形** 观察油松叶。叶细长而先端尖，形如针。

(2) **条形（线形）** 观察小麦叶。叶长而狭，长约为宽的5倍以上，且全部叶片近等宽，两边近平行。

(3) **剑形** 观察马蔺叶。叶长而稍宽，先端尖，常稍厚而强壮，形似剑。

(4) **钻形** 观察杜松叶。叶长而细狭，自基部至顶端渐变细尖，常革质。

(5) **鳞形** 观察侧柏叶。叶状如鳞片。

(6) **披针形** 观察柳树叶。叶长为宽的4~5倍，中部以下最宽，向上渐尖；若中部以上最宽，向下渐狭，则叫倒披针形。

(7) **矩圆形（长圆形）** 观察山野豌豆叶。叶长约为宽的3~4倍，两边近平行，两端均圆。

(8) **椭圆形** 观察大叶桉叶。叶长约为宽的3~4倍，中部最宽，而尖端及基部均圆。

(9) **卵形** 观察歪头菜叶。叶形如鸡卵，长约为宽的2倍或更少，中部以下最宽，向上渐狭；若中部以上最宽，向下渐狭，叫倒卵形。

(10) **圆形** 观察鹿蹄草叶。叶形如圆盘，长宽近相等。

(11) **心形** 观察牵牛花叶。叶长宽比例如卵形，但基部宽圆而微凹，先端渐尖，全形似心脏，若基部渐尖而先端宽圆、微凹，叫倒心形，如酢浆草。

(12) **菱形** 观察白桦叶。叶呈等边的斜方形。

(13) **管状** 观察葱叶。叶长超过宽许多倍，圆管状，中空，常多汁。

(14) **带状** 观察玉米叶。叶宽阔而特别长。

(15) **匙形** 叶全形狭长，上端宽而圆，向基部渐狭，状如汤匙。

(16) **扇形** 观察银杏叶。叶顶端宽而圆，向基部渐狭，形如扇状。

(17) **肾形** 观察橐吾叶。叶横径较长，宽大于长，基部有缺口凹入，形如肾。

(18) **镰形** 叶狭长形而多少弯曲呈镰状。

(19) **三角形** 观察山尖子叶。叶基部宽，呈平截状，三边近相等。

7. 叶尖（图17-9）

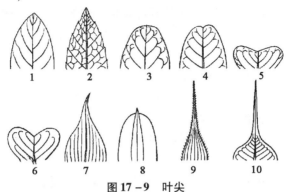

图17-9 叶尖
1. 锐尖；2. 渐尖；3. 钝形；4. 微凹；5. 微缺；6. 倒心形；
7. 骤尖；8. 凸尖；9. 芒尖；10. 尾状

(1) **锐尖（急尖）** 观察杨树叶，叶端尖头呈一锐角形，且有直边。

(2) **渐尖** 观察柳树叶。叶端尖头稍延长，有内弯的边。

(3) **钝形** 观察胡枝子叶。叶端钝或狭圆形。

(4) **圆形** 观察鹿蹄草叶。叶端宽而半圆形。

(5) **截形** 观察巢菜叶。叶端平截，而近似呈一直线。

(6) **微凹** 观察车轴草叶。叶端微凹入。

(7) **微缺（凹缺）** 观察羊蹄甲叶。叶端有一稍显著的缺刻，凹入的程度比微凹更明显。

(8) **倒心形** 叶端凹入形成倒心形。

(9) **凸尖** 观察锦鸡儿叶。叶端中脉延伸于外而成一短锐尖。

(10) **骤尖** 叶端有一利尖头。

(11) **芒尖** 即凸尖延长，有一多少呈芒状的附属物。

(12) **尾状** 叶端渐狭成长尾状。

8. 叶基（图17-10）

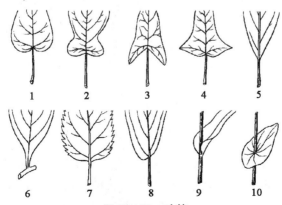

图17-10 叶基
1. 心形；2. 耳形；3. 箭形；4. 戟形；5. 楔形；6. 渐狭；
7. 截形；8. 偏斜；9. 抱茎；10. 穿茎

(1) **心形** 观察牵牛花叶。叶基中央微凹成一缺口，两侧各有一圆裂片，呈心形。
(2) **耳形** 观察耳叶蓼叶。叶基两侧小裂片呈耳垂状。
(3) **箭形** 观察狭叶慈姑叶。叶基两侧小裂片尖锐，向下，形似箭头。
(4) **戟形** 观察田旋花叶。叶基两侧小裂片向外，呈戟形。
(5) **楔形** 观察垂柳叶。叶片中部以下向基部逐渐变狭，形如楔子。
(6) **渐狭** 观察长叶报春叶。叶片向基部逐渐变狭，形态与叶尖的渐尖相似。
(7) **截形** 观察法国梧桐叶。叶基平截，近似呈一直线。
(8) **圆形** 观察苹果叶。叶基呈半圆形。
(9) **偏斜** 观察榆叶。叶基两侧不对称。
(10) **抱茎** 观察抱茎苦荬菜叶。叶基部抱茎。
(11) **穿茎** 观察穿叶柴胡叶。叶基部深凹入，两侧裂片相合生而包围茎，茎贯穿于叶片中。
(12) **下延** 观察飞廉叶。叶基向下延长，贴在茎上呈翅状。

9. 叶缘（图 17 – 11）

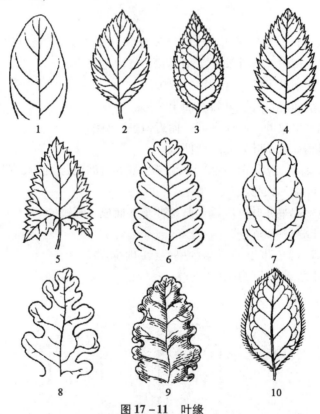

图 17 – 11 叶缘
1. 全缘；2. 锯齿缘；3. 细锯齿缘；4. 重锯齿缘；5. 牙齿缘；
6. 钝齿缘；7. 波状缘；8. 深波状缘；9. 皱波状缘；10. 睫毛状缘

(1) **全缘** 观察丁香叶。叶缘成一连续的平线，不具任何齿缺。
(2) **锯齿状** 观察鹅绒委陵菜叶，叶缘有尖锐的锯齿，齿尖向前；锯齿较细小的叫细锯齿状。再观察榆树叶，在大锯齿上复生小锯齿，叫重锯齿。
(3) **牙齿状** 观察橐吾叶。叶缘齿尖锐，两侧近等边，齿直而尖向外。

（4）**钝齿状** 观察大叶糙苏叶。叶缘具钝头的齿。

（5）**波状** 观察茄叶，叶边缘起伏如波浪状。

（6）**睫毛状** 叶缘有稀疏的长毛，似眼睫毛。

10. 叶裂（图 17-12）

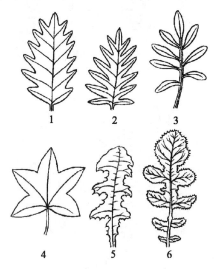

图 17-12 叶裂

1. 羽状浅裂；2. 羽状深裂；3. 羽状全裂；4. 掌状半裂；5. 倒向羽裂；6. 大头羽裂

（1）**浅裂** 观察醋栗和辽东栎叶。叶片的分裂深度为叶缘至中脉的 1/3 左右。醋栗是掌状浅裂，辽东栎是羽状浅裂。

（2）**半裂（中裂）** 观察枫树叶。叶片分裂深度为由叶缘至主脉的 1/2 左右。注意分辨枫树叶为羽状半裂还是掌状半裂。

（3）**深裂** 观察蚊子草叶和山楂叶。叶片分裂距离为到达或接近中脉。蚊子草叶是掌状深裂，山楂叶是羽状深裂。

（4）**全裂** 观察乌头叶。叶片的裂片彼此完全分裂，很像复叶，但各裂片叶肉相互连贯，没有形成小叶柄。注意分辨乌头叶是羽状全裂还是掌状全裂。

（5）**倒向羽裂** 观察蒲公英叶。裂片弯向叶基，裂片羽状排列。

（6）**大头羽裂** 观察风毛菊叶。顶端裂片远较侧裂片大而宽。

（7）**篦状深裂** 观察蓍草。叶裂片极狭而密排，状如栉篦。

11. 叶的变态

（1）**叶刺** 观察小檗和仙人掌，叶变态成刺，观察刺槐，其托叶变成刺。

（2）**叶卷须** 观察豌豆、野豌豆标本，可见其羽状复叶顶端小叶变成卷须。观察菝葜，其托叶变成卷须，观察铁线莲。其叶柄细长，起到卷须的攀缘作用。

（四）花

1. 花序的类型

（1）**无限花序**（图 17-13）

1）**总状花序** 观察白菜、刺槐花序。花序轴不分枝而较长，花多数有近等长的梗，随开花而花序轴不断伸长。

2）**穗状花序** 观察车前花序。与总状花序相似，但花无梗或极短。

图 17-13 花序类型（一）
1. 总状花序；2. 穗状花序；3. 葇荑花序；4. 肉穗花序；5. 圆锥花序

3）**葇荑花序** 观察杨树、柳树花序。与穗状花序相似，但一个花序全是单性花（全是雄花或全是雌花），常无花被，开花结果后，整个花序脱落，花序轴常柔软而下垂。

4）**肉穗花序** 观察玉米、天南星花序。与穗状花序相似，但花序轴肥厚而肉质。天南星的花序为一佛焰苞所包围。玉米的雌花序由多数叶状苞包被。

5）**圆锥花序** 观察燕麦、早熟禾的花序。花序轴上形成总状分枝的总花梗，花在总花梗上再组成总状花序，即复合的总状花序。

6）**伞房花序** 观察苹果、山楂、梨的花序。与总状花序相似，但花梗不等长，下部的花梗长，上部的花梗短，使整个花序的花几乎排列成一平面。花楸、华北绣线菊的花序轴上每个花序梗再形成一个伞房花序，叫复伞房花序。

7）**伞形花序** 观察大葱的花序。花梗近等长，花集生于花序轴的顶端，状如张开的伞。再观察胡萝卜花序。花序轴上每个总花梗再形成一个伞形花序，为复伞形花序。

8）**头状花序** 观察向日葵、旋覆花花序。花无梗或近无梗，多数花集生于一短而宽，平坦或隆起的花序轴顶端（花序托或总花托），形成一头状体，外具形状、大小、质地各异的总苞。

(2) 有限花序（图 17-14）

1) **单歧聚伞花序** 观察委陵菜、黄花菜、勿忘草、附地菜的花序。花序轴顶端的芽首先发育成花之后，其下仅有一个侧芽发育成侧枝，枝顶又形成一朵花，如此侧枝复以同一方式分枝。这类花序中，如果侧枝连续地左右交互出现，状如蝎尾，叫蝎尾状聚伞花序；如果所有侧枝都出现在同一侧，形成卷曲状，叫螺状聚伞花序。辨别上述4种植物的花序各属哪种类型。

2) **二歧聚伞花序** 观察石竹花序。顶芽形成花后，在花下面的一对侧芽同时萌发成两个侧枝，每一侧枝顶端也只形成一朵花，如此连续地分枝形成假二歧分枝式的花序。

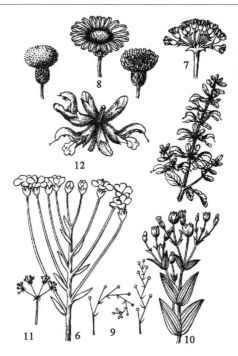

图 17-14 花序类型（二）
6. 伞房花序；7. 伞形花序；8. 头状花序；9. 单歧聚伞花序；10. 二歧聚伞花序；11. 复伞形花序；12. 轮伞花序

3）多歧聚伞花序　观察榆的花序。花序轴顶芽形成1朵花后，其下数个侧芽发育成数个侧枝，顶端各生1花，花梗长短不一，外形上类似伞形花序，但中心花先开，渐向四周开放可以区别。

4）轮伞花序　观察益母草、地瓜苗花序。聚伞花序着生在对生叶的叶腋，花序轴及花梗极短，呈轮状排列。

2. 花的组成部分

（1）**完全花**　取油菜花观察。花下方细长的柄状物为花梗。花梗顶端膨大的部分为花托。花萼由4个萼片组成，呈绿色。花萼里面为花冠，由4个花瓣组成，为十字形花冠。在花冠的内方，有6枚雄蕊，其中内轮4枚较长，外轮2枚较短，形成四强雄蕊。雌蕊位于花的中央，由柱头、花柱和子房组成。

（2）**不完全花**　一朵花中花萼、花冠、雄蕊、雌蕊四部分中缺少任意1~3部分，如南瓜雄花（缺雌蕊），杨树雌花（缺雄蕊，缺花被）。

3. 花萼的类型

（1）**离萼**　重新观察油菜的花萼。萼片彼此完全分离，为离萼。

（2）**合萼**　观察蔷薇、益母草的花。萼片部分或全部合生，为合萼。其合生部分，叫萼筒；其上部的分离部分，叫萼齿或萼裂片。

（3）**副萼**　观察委陵菜的花，具有两轮花萼，其外轮的萼片，叫副萼。

4. 花冠的类型

（1）**辐射对称花冠**（图17-15）

1）十字形　观察油菜或萝卜等十字花科植物的花。有花瓣4片，分离，相对排成十字形。

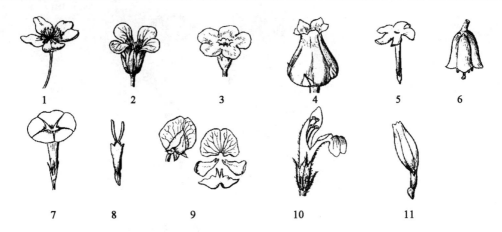

图 17-15 花冠的类型
1. 蔷薇形；2. 十字形；3. 辐状；4. 坛状；5. 高脚碟状；6. 钟状；
7. 漏斗状；8. 管状；9. 蝶形；10. 唇形；11. 舌状

2）蔷薇形　观察桃、苹果的花。花瓣5枚，分离，无瓣片与瓣爪之分。

3）辐状　观察茄、番茄的花。花冠筒极短，冠裂片由基部向四周辐射状伸展。

4）坛状　花冠筒膨大成卵形或球形，上部收缩成一短颈，然后短小的冠裂片向四周呈辐状伸展。

5）高脚碟状　观察紫丁香的花。花冠筒下部呈狭圆筒形，上部突然水平扩展成碟状。

6）钟状　观察桔梗科植物的花。花冠筒宽而稍短，上部稍扩大成一钟形。

7）漏斗状　观察牵牛、田旋花的花。花冠筒下部呈筒状，向上渐扩大成漏斗状。

8）管状　观察菊科植物头状花序中的盘花。花冠筒大部分呈一圆筒状，花冠裂片向上伸展。

（2）两侧对称花冠（图17-15）

1）蝶形　观察豌豆等豆科植物的花。花瓣5片，其最上（外）的1片花瓣最大，常向外反展，叫旗瓣；侧面对应的2片通常较旗瓣小，常直展，叫翼瓣；最下面对应的2片，其下缘常稍合生，状如龙骨，叫龙骨瓣。

2）唇形　观察益母草等唇形科植物的花。花瓣5片，基部合生成花冠筒，冠裂片稍呈二唇形，上面2裂片合生为上唇，下面3裂片合生为下唇。

3）舌状　观察菊科植物头状花序的缘花。花冠基部合生成一短筒，上部向一侧伸展而成扁平舌状。

5. 雄蕊的类型（图17-16）

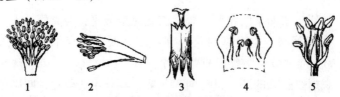

图 17-16 雄蕊的类型
1. 单体雄蕊；2. 二体雄蕊；3. 聚药雄蕊；4. 二强雄蕊；5. 四强雄蕊

（1）**离生雄蕊**　观察桃、杏的花。雄蕊彼此分离。

（2）**单体雄蕊**　观察锦葵的花。多数雄蕊的花丝合生在一起成为一单束。

(3) **二体雄蕊** 观察豌豆、中间锦鸡儿等豆科植物的花。花中有10枚雄蕊,其中9枚合生成一束,1枚单独成束,即呈二束。

(4) **多体雄蕊** 观察金丝桃的花。花中雄蕊多数,分成多束。

(5) **聚药雄蕊** 观察向日葵等菊科植物的花。花药合生,而花丝分离。

(6) **雄蕊筒(管)** 观察苦楝的花。花中雄蕊的花丝完全合生成一球状或圆柱形的管。

(7) **二强雄蕊** 观察糙苏、益母草等唇形科植物的花。花中有4枚雄蕊,其中2长2短。

(8) **四强雄蕊** 观察白菜、油菜等十字花科植物的花。花中有6枚雄蕊,其中4长2短。

(9) **冠生雄蕊** 观察茄、紫草、益母草的花。雄蕊着生在花冠上。

6. 雌蕊

(1) **雌蕊的类型**(图17-17)

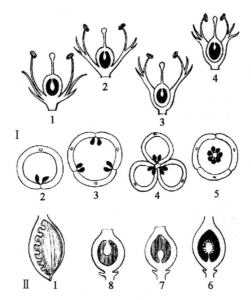

图17-17 雌蕊
Ⅰ. 子房位置:1. 上位子房(下位花);2. 上位子房(周位花);3. 半下位子房(周位花);4. 下位子房(上位花)
Ⅱ. 胎座类型:1、2. 边缘胎座;3. 侧膜胎座;4. 中轴胎座;5、6. 特立中央胎座;7. 基生胎座;8. 顶生胎座

1) 单雌蕊 观察豌豆、刺槐、锦鸡儿的花。花中雌蕊由1个心皮组成,子房也是1室,胚珠1至多数。

2) 离心皮雌蕊 观察铁线莲、委陵菜的花。雌蕊由若干个彼此分离的心皮组成。

3) 复雌蕊 解剖旱柳的雌蕊,并观察。它是由2个心皮合生而成1室。

(2) **胎座**(图17-17)

1) 基生胎座 取向日葵的1枚管状花,用刀片通过子房纵切,置于解剖镜下,可以看到胚珠着生在子房室的基部。

2) 顶生胎座 取狼毒的花,用刀片纵切子房,置于解剖镜下,可见胚珠着生在子房室的顶部。

3) 边缘胎座 将豆科植物的雌蕊子房作一横切,置于解剖镜下,可见它是单心皮构成1室子房,胚珠着生在心皮的边缘,即腹缝线上。

4）侧膜胎座　将瓜类等葫芦科植物的雌蕊子房作一横切，置于解剖镜下，可见多个心皮合生成 1 室，胚珠着生在每一心皮边缘，胎座常肥厚或隆起，或扩大到子房腔内。

5）中轴胎座　将番茄或马蔺的雌蕊子房作一横切，置于解剖镜下，可见多个心皮合生成多室子房，心皮边缘汇集合生成中轴，胚珠着生在中轴上。

6）特立中央胎座　将石竹的雌蕊纵切，置于解剖镜下，可见在复雌蕊 1 室子房里，中轴由子房腔的底部隆起，但不到达子房顶部，胚珠着生在此轴上。

7. 子房位置（图 17-17）

（1）**上位子房**　观察油菜花。花托多少凸起，花部呈轮状排列于其上，最外的或最下的是花萼，依次为花冠、雄蕊、雌蕊，而花萼、花冠和雄蕊的着生点都较子房低，叫下位花。子房位置处于一朵花中央的最高处，因而叫上位子房。再观察桃花（注意与油菜花进行比较）。其花托凹陷成杯状，子房仅底部与花托相连，花的其他各部分着生于子房周边杯状花托的边缘上，子房仍是上位，而花为周位花。

（2）**下位子房**　取 1 朵梨花，用刀片通过雌蕊作一纵切，置于解剖镜下观察，其子房全部下陷在花托中，子房壁与花托完全愈合，仅有花柱和柱头外露；花萼、花冠和雄蕊依次着生在花托之顶部，而位于子房之上，所以叫上位花。由于子房陷入花托，而位于其各轮之下，所以叫下位子房。

（3）**半下位子房**　取甜菜的花观察，子房下部和花托愈合，上部仍露出于外，叫半下位子房。花萼、花冠和雄蕊依次着生在花托上端，并围着子房，所以叫周位花。

（五）果实

根据果实的形态结构，可分为三大类。

1. 单果（图 17-18）

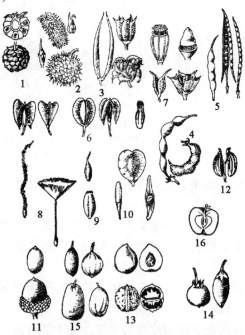

图 17-18　果实类型

1. 聚合果；2. 聚花果；3. 蓇葖果；4. 荚果；5. 长角果；6. 短角果；7. 蒴果；8. 瘦果；9. 颖果；10. 翅果；11. 坚果；12. 双悬果；13. 核果；14. 浆果；15. 瓠果；16. 梨果

单果指由一朵花中的单雌蕊或复雌蕊子房所形成的一个果实。依果熟时果皮的性质不同，可分为：

(1) 干果

1) 开裂的干果

① 蓇葖果。观察翠雀花果实。由上位子房的单雌蕊形成，成熟时沿腹缝线或背缝线仅一侧开裂，内含 1 至多数种子。

② 荚果。观察大豆等豆科植物的果实。其由上位子房的单雌蕊形成，成熟时沿腹缝线和背缝线同时开裂，内含 1 至多数种子。

③ 长角果。观察白菜、油菜等的果实。其由 2 心皮合生的上位子房形成，有假隔膜，成熟时，沿假隔自下而上开裂，长为宽的 4 倍以上，种子多数。

④ 短角果。观察荠菜、独行菜的果实。其结构同长角果而形短，长度在宽的 4 倍以下。

⑤ 蒴果。蒴果由 2 个以上合生心皮的上位或下位子房形成，1 室或多室，种子多数。开裂方式有：

室背开裂：观察胡麻、棉花的果实。果瓣沿心皮的背缝线裂开。

室间开裂：观察曼陀罗、牵牛花的果实。其成熟时沿室间隔膜（即腹缝线）开裂。

孔裂：观察野罂粟果实。其成熟时每个心皮的顶端裂开一小孔，整个果实顶端出现一圈小孔。

盖裂：观察马齿苋、车前的果实。其果实上部横裂一周形成盖。

2) 不开裂的干果

① 瘦果。观察向日葵、荞麦、蒲公英、毛茛等的果实。它们均是由合生心皮的上位子房或下位子房形成，具 1 室 1 粒种子，果皮与种皮分离。

② 颖果。观察小麦、玉米的果实。也具 1 室 1 粒种子，但果皮与种皮完全愈合而不能分离。

③ 胞果。观察藜、野苋的果实。也具 1 室 1 粒种子，是由合生心皮的上位子房形成。果熟时，果皮薄而膨胀，疏松地包裹种子，极易与种子分离。

④ 翅果。观察榆、槭树的果实。瘦果状，而果皮向外延伸成翅。

⑤ 坚果。观察榛、栗的果实。果皮木质化，坚硬，具 1 室 1 粒种子。

⑥ 小坚果。小坚果为一小而硬的坚果。如紫草科、唇形科植物的子房 4 深裂，形成 4 个小坚果，又叫分果（离果）。

⑦ 双悬果。观察胡萝卜等伞形科植物的果实。其由 2 个合生心皮的下位子房形成，在果熟时，形成 2 个分离的小坚果，叫悬果瓣，并悬挂在中央心皮柄的上端。

(2) 肉果（图 17 – 18）

① 核果。观察杏、李、桃的果实。其外果皮薄；中果皮厚而肉质或纤维质；内果皮坚硬，包裹于种子之外而成果核，通常含 1 粒种子。

② 浆果。观察葡萄、番茄、枸杞等的果实。浆果由复雌蕊发育而来，外果皮薄，中果皮和内果皮均肥厚、肉质，汁液丰富，含 1 至数枚种子。

③ 柑果。观察柑橘果实。柑果由合生心皮上位子房形成，外果皮呈革质，有油囊，中果皮稍疏松，具有分枝的维管束；内果皮内弯分隔成果瓣，并向内形成许多长而肉质多浆的腺囊。

④ 瓠果。观察西瓜、黄瓜的果实。瓠果为由合生心皮下位子房形成的假果。硕大，

具1室和多数种子。果皮外层坚硬，由花托和外果皮组成，中果皮和内果皮肉质化，胎座发达也肉质化。

⑤ 梨果。观察苹果、梨的果实。梨果是由合生心皮的下位子房，并有花托参与所形成的。果实外层厚而肉质，内层为果皮，外果皮和花托界限不明显，内果皮很明显，革质或木质化。

2. 聚合果（图17-18）

一朵花中有多数单雌蕊（即离心皮雌蕊），每一个单雌蕊形成一个单果集生在膨大的花托上，叫聚合果。根据单果的种类又可分为聚合瘦果，如草莓、委陵菜；聚合蓇葖果，如绣线菊；聚合核果，如悬钩子。

3. 聚花果（图17-18）

菠萝、桑椹的果实，是由整个花序形成的。许多由花所形成的果实聚集在花序轴上，外形似1个果实，成熟时整个果穗由母体上脱落。

四、作业与思考

① 绘制油菜花解剖图。
② 绘制石竹子房纵切面图，示特立中央胎座。
③ 比较伞房花序与伞形花序、穗状花序与葇荑花序的异同点。
④ 运用所掌握的形态术语描述几种植物，并编制检索表。

实验十七　被子植物分科

一、目的与要求

根据所学专业，选择一些与各自专业有关的以及系统分类上较为重要的科，掌握各科主要特征及识别要点，认识代表植物，能运用植物检索表检索植物。

二、材料与用品

1. 实验器材

解剖镜，放大镜，镊子，解剖针，培养皿，载玻片。

2. 实验材料

浸泡的杨属植物、柳属植物，乳浆大戟、向日葵、小麦的花序，浸泡的巴天酸模、石竹、藜、翠雀、油菜、山丁子、单瓣黄刺玫、中间锦鸡儿、胡萝卜、细叶益母草、青杞、黄瓜、葱的花，浸泡的小茴香双悬果。

腊叶标本：

杨柳科 Salicaceae

　　小叶杨 *Populus simonii* Carr.

　　旱柳 *Salix matsudana* Koidz.

蓼科 Poligonaceae

　　酸模叶蓼 *Polygonum lapathifolium* L.

　　荞麦 *Fagopyrum superbus* L.

　　巴天酸模 *Rumex patientia* L.

石竹科 Caryophyllaceae

　　石竹 *Dianthus chinensis* L.

　　旱麦瓶草 *Silene jenisseensis* Willd.

　　繁缕 *Stellaria media*（L.）Cyr.

藜科 Chenopodiaceae

　　甜菜 *Beta vulgaris* L.

　　菠菜 *Spinacia oleracea* L.

　　角果碱蓬 *Suaeda corniculata*（C. A. Mey.）Bunge

　　藜 *Chenopodium album* L.

　　猪毛菜 *Salsola collina* Pall.

　　地肤 *Kockia scoparia*（L.）Schrad.

毛茛科 *Ranuculaceae*

　　毛茛 *Ranunculus japonicus* Thunb.

　　黄花铁线莲 *Clematis intricata* Bunge

　　棉团铁线莲 *C. hexapetala* Pall.

　　瓣蕊唐松草 *Thalictrum petaloideum* L.

　　草乌头 *Aconitum kusnezoffii* Reichb.

　　翠雀 *Delphinium grandiflorum* L.

十字花科 Cruciferae
    油菜 *Brassica campestris* L.
    独行菜 *Lepidium apetalum* Willd.
    遏蓝菜 *Thraspi arvense* L.
    荠 *Capsella bursa-pastoris* (L.) Medic.

蔷薇科 Rosaceae
    土庄绣线菊 *Spiraea pubescens* Turcz.
    单瓣黄刺玫 *Rosa xanthina* Lindl. f. *normalis* Rehd. et Wils.
    桃 *Prunus persica* (L.) Batsch.
    山楂 *Crataegus pinnatifida* Bunge
    山丁子 *Malus baccata* (L.) Borkh.

豆科 Leguminosae
    蚕豆 *Vicia faba* L.
    披针叶黄华 *Thermopsis lanceolata* R. Br.
    紫花苜蓿 *Medicago sativa* L.
    柠条锦鸡儿 *Caragana korshinskii* Kom.

大戟科 Euphorbiaceae
    乳浆大戟 *Euphorbia esula* L.
    蓖麻 *Ricinus communis* L.

葡萄科 Vitaceae
    葡萄 *Vitis vinifera* L.

伞形科 Umbelliferae
    胡萝卜 *Daucus carota* L. var. *sativa* Hoffin.
    红柴胡 *Bupleurum scorzonerifolium* Willd.

旋花科 Convolvulaceae
    田旋花 *Convolvulus arvensis* L.
    打碗花 *Calystegia hederacea* Wall. ex Roxb.
    菟丝子 *Cuscuta chinensis* Lam.

唇形科 Labiatae
    细叶益母草 *Leonurus sibiricus* L.

茄科 Solanaceae
    马铃薯 *Solanum tuberosum* L.
    番茄 *Lycopersicon esculentum* Mill.
    枸杞 *Lycium chinensis* Mill.
    龙葵 *Solanum nigrum* L.

葫芦科 Cucurbitaceae
    黄瓜 *Cucumis sativus* L.

菊科 Compositae
    向日葵 *Heliathus annuus* L.
    蒲公英 *Taraxacum mongolicum* Hand. -Mazz.

百合科 Liliaceae
    葱 *Allium fistulosum* L.
    黄精 *Polygonatum sibiricum* Delar. ex Redoute
    玉竹 *Polygonatum odoratum*（Mill.）Drauce
    黄花菜 *Hemercollis citrina* Baroni
    山丹 *Lilium pumilum* DC.
禾本科 Gramineae
    小麦 *Triticum aestivum* L.
    大麦 *Hordeum vulgare* L.
    玉蜀黍 *Zea mays* L.
    燕麦 *Avena sativa* L.
    赖草 *Leymus dasystachys*（Trin.）Neveski
    狗尾草 *Setaria viridis*（L.）Beauv.

三、内容与方法

（一）杨柳科（Salicaceae）

识别要点：木本。单叶互生。花单性；葇荑花序，无花被，具杯状花盘或蜜腺。蒴果。种子有长毛。

1. 解剖花

用镊子从加拿大杨的雄葇荑花序上取一朵花连同下面的苞片，置于解剖镜下观察，可看到花下有一边缘细裂的苞片，花盘杯状，多数雄蕊着生在花盘里。再用镊子从雌葇荑花序上取一朵花连同下面的苞片，置于解剖镜下观察，同样可看到边缘细裂的苞片，花盘杯状，花盘里有1个雌蕊，子房上位，2心皮合生，柱头2裂。

用镊子从旱柳的雄葇荑花序上取一朵花连同下面的苞片，置于解剖镜下观察，在每一朵花下有1枚全缘的苞片，苞片内有2枚雄蕊，在花丝基部还可以看到1~2个小的腺体。再用镊子取一朵雌花连同下面的苞片，置于解剖镜下观察，同样可以看到苞片全缘，上面有1个雌蕊，子房上位，2心皮合生，柱头2裂，在子房基部也有1~2个小的腺体。

2. 观察标本

（1）**小叶杨**（*Populus simonii* Carr.）　　乔木。树皮灰绿色，小枝有棱角，红褐色，后变黄褐色。冬芽具数枚鳞片，具顶芽。单叶互生，叶菱状倒卵形或菱状椭圆形，先端渐尖，基部楔形，边缘有细钝锯齿。葇荑花序下垂，苞片边缘细裂；花盘杯状。蒴果，种子有长毛（图18-1）。

（2）**旱柳**（*Salix matsudana* Koidz.）　　乔木。枝直立或稍下垂。冬芽具1枚鳞片，无顶芽。单叶互生，叶披针形，叶缘有细密腺齿。葇荑花序直立；苞片全缘，无花盘；雌花具2蜜腺。蒴果。

图 18-1 小叶杨（*Populus simonii* Carr.）
1. 果枝　2. 雄花　3. 雌花

3. 思考分析

小叶杨和旱柳有何不同？

（二）蓼科（Polygonaceae）

识别要点：多草本。节膨大，托叶膜质成鞘状。花两性，稀单性；单被花。瘦果三棱形或两面凸起。

1. 解剖花

解剖巴天酸模的花，注意观察是两被花还是单被花，花两性，花被片6，呈几轮排列，其内轮花被片在结果时增大，其中有1片具瘤状体，雄蕊6枚，瘦果卵状三棱形（图18-2）。

图 18-2 巴天酸模（*Rumex patienta* L.）
1. 植株；2. 花；3. 雄蕊与雌蕊；4. 果实；5. 果时增大的内花被

2. 观察标本

(1) 酸模叶蓼（*Polygonum lapathifolium* L.） 别名旱苗蓼、大马蓼，一年生草本。托叶鞘筒状，先端截形，叶披针形，叶上面常有紫黑色新月形斑痕。花两性；单被花，花被4深裂；雄蕊6。瘦果宽卵形，扁平，包于花被内。

(2) 荞麦（*Fagopyrum superbus* L.） 一年生草本。叶三角形，具明显的膜质托叶鞘。花被片5，花瓣状，雄蕊8；花柱3。瘦果三棱形，超出花被1~2倍。

(3) 巴天酸模（*Rumex patientia* L.） 别名山荞麦、羊蹄叶、牛西西，多年生，根黄色。基生叶和茎下部叶矩圆状披针形，基部圆形或微心形。圆锥花序大型；结果时内轮花被片宽达5mm以上，有1片常具瘤状体。瘦果卵状三角形（图18-2）。

（三）藜科（Chenopodiaceae）

识别要点：多草本。单叶互生。花小，单被，花被片通常5，果时常增大变硬或背部生翅状、针状或疣状附属物；雄蕊与花被片同数而对生。胞果。胚弯曲。

1. 解剖花

在解剖镜下解剖藜的花：单被花，花被片5，基部稍连合，边缘白色膜质，用解剖针将花被片剥开，其内侧与花被对生有5枚雄蕊；雌蕊位于花的中心，子房上位，柱头2裂。另外从花序的下部取一朵较老的花，在解剖镜下解剖。可见到花被片包裹着胞果，其果皮薄而易剥离，内部是黑色、光亮而呈扁球形的种子。剥去种皮，可清晰地看见环形胚（图18-3）。

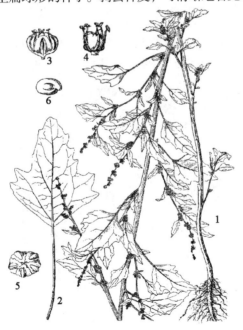

图18-3 藜（*Chenopodium album* L.）
1. 植株；2. 叶；3. 花；4. 雄蕊与雌蕊；5. 带花被的胞果；6. 种子

2. 观察标本

(1) 甜菜（*Beta vulgaris* L.） 二年生草本。根肥厚。叶宽大，基生叶丛生；茎生叶互生，具长柄。花小，绿白色；两性；2至数朵集成腋生花簇，再组成圆锥状；花被片5，向内拱曲，果时基部变硬与果实相结合。

（2）**菠菜**（*Spinacia oleracea* L.）　一年生草本。叶互生，戟形至卵形。花单性，集成团伞花序，雌雄异株；雄花由多数团伞花序排列成顶生有间断的穗状圆锥花序，花被片4，黄绿色，雄蕊4；雌花则成团伞花序生于叶腋，无花被，子房由2枚合生的苞片包覆，苞片在果时硬化，背面通常各具1棘状附属物。

（3）**角果碱蓬**（*Suaeda corniculata*（C. A. Mey.）Bunge）　一年生草本。叶肉质，圆柱形、半圆柱形或条形。花3~6朵簇生于叶腋；花两性；花被片5，于果时背面向外延伸、增厚呈不等长的角状。胞果包于宿存的花被内，胚环形。

（4）**藜（灰菜）**（*Chenopodium album* L.）　一年生草本。茎直立，具棱，有沟槽及红色或紫色条纹。叶菱状、卵形至披针形，下面被白色粉粒，边缘具不整齐锯齿。花小，通常两性；花被片5；雄蕊5。胞果包于宿存的花被内。种子黑色，表面有沟纹（图18-3）。

（5）**猪毛菜**（*Salsola collina* Pall.）　别名山叉明棵、札蓬棵、沙蓬，一年生草本。叶肉质，丝状圆柱形，先端有刺状尖。花两性；花被片5；花被片果时背部横生有鸡冠状革质突起。

（6）**地肤**（*Kockia scoparia*（L.）Schrad.）　一年生草本。叶扁平，披针形至条状披针形，幼叶稍宽，一般无柄，常被纤毛。花被结果时横生翅，翅短，膜质，有脉。

（四）**石竹科**（Caryophyllaceae）

识别要点：草本，稀灌木。茎节膨大。单叶对生。聚伞花序或单生；花部4~5基数；特立中央胎座。蒴果。

1. 解剖花

解剖石竹的花。花萼筒状，具萼齿5，萼下苞片2~3对。用刀片纵向切开花萼，可见花瓣5，基部具长爪，先端齿裂；雄蕊10；子房上位。再将子房纵切，可见特立中央胎座（图18-4）。

图18-4　石竹（*Dianthus chinensis* L.）
1. 植株；2. 花瓣；3. 雄蕊、雌蕊及子房；4. 种子

2. 观察标本

（1）**石竹**（*Dianthus chinensis* L.） 多年生草本。茎节膨大。叶对生，条状披针形。花顶生或2~3朵组成聚伞花序；花红、紫或白色；萼片合生，先端5齿裂；花瓣5，基部具长爪，花瓣顶端有细齿；雄蕊10；萼下苞片2~3对。蒴果（图18-4）。

（2）**旱麦瓶草**（*Silene jenisseensis* Willd.） 别名麦瓶草、山蚂蚱，多年生草本。茎节膨大。叶对生；披针状条形。聚伞花序；萼片合生，钟形或圆筒形，5裂，具10条纵脉；花瓣5，白色，先端2裂，有爪，喉部常有2鳞片状附属物。蒴果基部数室。

（五）毛茛科（Ranuculaceae）

识别要点：单叶分裂或复叶。花常两性；辐射对称或两侧对称；萼片3至多数，常花瓣状；花瓣3至多数，或无花瓣；雄蕊多数；心皮多数，螺旋状排列。聚合瘦果或蓇葖果。

1. 解剖花

解剖翠雀的花。花两侧对称，萼片5，花瓣状，背部的1片基部延伸成长距；花瓣4，上方的2片为蜜叶，伸于萼距内，下面的两片退化为雄蕊，雄蕊多数；心皮3，分离。

2. 观察标本

（1）**毛茛**（*Ranunculus japonicus* Thunb.） 多年生草本。植物体被伸展的柔毛。叶为掌状3深裂。花较大，直径达2cm；萼片5；花瓣5，黄色。聚合瘦果球形（图18-5）。

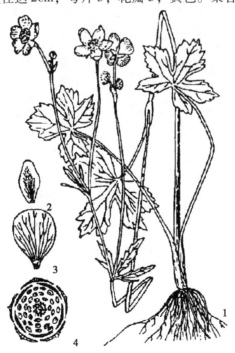

图18-5 毛茛（*Ranuculus japonicus* Thunb.）
1. 植株；2. 萼片；3. 花瓣；4. 花图式

（2）**黄花铁线莲**（*Clematis intricata* Bunge） 别名狗豆蔓、萝萝蔓，藤本。叶对生；灰绿色；二回羽状三出复叶。萼片4，淡黄色，无花瓣。瘦果具宿存的羽毛状花柱。

（3）**瓣蕊唐松草**（*Thalictrum petaloideum* L.） 多年生草本。叶为三至四回三出复叶。花小；萼片4，白色，花瓣状，早落；无花瓣；花丝宽，白色，花瓣状。瘦果。

（4）**草乌**（*Aconitum kusnezoffii* Reichb.）　别名北乌头、断肠草，株高达 1.5m。具块根。叶掌状三全裂。花两侧对称；萼片 5，蓝色，花瓣状，上萼片盔形，侧萼片倒卵形，下萼片不等长；花瓣 2，有长爪，瓣片通常有唇和距，距钩状。

（5）**翠雀**（*Delphinium grandiflorum* L.）　别名大花飞燕草、鸽子花，多年生草本。茎生叶与茎下部叶具长柄；叶多圆肾形，掌状 3 全裂。总状花序；花两侧对称；萼片 5，蓝色或紫蓝色，花瓣状，上萼片有距；花瓣 2，瓣片小，白色，无爪，基部有距，伸入萼距中；退化雄蕊 2，瓣片蓝色，倒卵形，瓣片中间通常被 1 簇黄髯毛，基部具爪。

（六）十字花科（Cruciferae）

识别要点：植物体内常有辛辣汁液。十字形花冠；四强雄蕊。角果。

1. 解剖花

取油菜花解剖。由外至内可看到以下各部：萼片 4，直立；花瓣 4，具长爪，排成十字形，上部平展；雄蕊 6 枚，排成两轮（注意内外轮的数目及花丝长短情况）；在花托基部有 4 个蜜腺，与萼片对生；中央为一圆柱状的雌蕊。用刀片通过子房作一横切面，在解剖镜下观察其心皮数目、胎座类型、假隔膜等特征（图 18-6）。

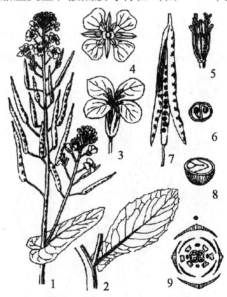

图 18-6　油菜（*Brassica campestris* L.）
1. 花、果枝；2. 中下部叶；3. 花；4. 花俯视观；5. 雄蕊和雌蕊；
6. 子房横切；7. 开裂的角果；8. 种子横切，示子叶对折；9. 花图式

2. 观察标本

（1）**油菜**（*Brassica campestris* L.）　一年生草本。基生叶莲座状，具柄，茎生叶抱茎。花黄色，注意花序属于什么类型。长角果，顶端有喙，成熟时沿两条腹缝线自下而上开裂（图 18-6）。

（2）**独行菜**（*Lepidium apetalum* Willd.）　别名腺茎独行菜、辣辣根、辣麻麻，一年生或二年生草本。基生叶狭匙形，一回羽状浅裂或深裂；茎生叶狭披针形或条形。花小，白色；花瓣长约 0.3mm，有时退化成丝状或无花瓣。短角果圆形，压扁方向与假隔膜垂直（两侧压扁），子叶背倚。

（3）**遏蓝菜**（*Thlaspi arvense* L.）　别名菥蓂，一年生草本。茎生叶倒披针形或矩圆

状披针形。花较小，白色，长约3mm。短角果近圆形，两侧压扁，具宽翅。子叶缘倚。

（4）荠（*Capsella bursa-pastoris* (L.) Medic.） 别名荠菜，一或二年生草本。被单毛及星状毛。基生叶呈莲座状，全缘或大头羽裂；茎生叶常抱茎。花白色。短角果倒三角形，角果压扁方向与隔膜垂直（两侧压扁）。子叶背倚。

（七）蔷薇科（Rosaceae）

识别要点：木本或草本。花托凸起或凹陷成杯状、壶状；花部5基数，轮状排列；雄蕊多数；子房上位或下位。蓇葖果、瘦果、梨果或核果（图18-7）。

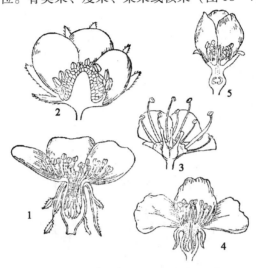

图 18-7 蔷薇科植物的花
1.2. 蔷薇亚科；3. 绣线菊亚科；4. 李亚科；5. 苹果亚科

1. 解剖花

取单瓣黄刺玫花解剖。萼片5枚，矩圆状披针形；花瓣5，先端微凹，倒阔卵形，黄色；雄蕊多数；心皮多数，着生在花托边缘。用刀片纵剖花部，注意观察花托的形状，内生由几个心皮组成的雌蕊；子房位置如何；瘦果包在稍肉质的花托内，形成蔷薇果。

再解剖山丁子的花。可见萼片5枚，花瓣5枚，用刀片纵向切开，可见花托与子房壁愈合，子房下位，上位花，5个心皮合生，中轴胎座。

2. 观察标本

（1）**绣线菊亚科**（Spiraeoideae） 木本。常无托叶。花托扁平或微凹，心皮1~5，子房上位；聚合蓇葖果。

土庄绣线菊（*Spiraea pubescens* Turcz.），灌木。单叶，无托叶，叶片下面密被柔毛，上面幼时被毛，叶菱状卵形或椭圆形，先端锐尖，基部楔形。伞形花序，具总花梗；萼片5；花瓣5；白色；雄蕊15~20。聚合蓇葖果。

（2）**蔷薇亚科**（Rosoideae） 木本或草本。有托叶。花托隆起或凹陷；心皮多数；子房上位。瘦果、蔷薇果。

单瓣黄刺玫（*Rosa xanthina* Lindl. f. *normalis* Rehd. et Wils），灌木。有皮刺。奇数羽状复叶，小叶7~13枚，近圆形或宽卵形。萼片5；花瓣5；黄色。蔷薇果近球形。

（3）**李亚科**（Prunoideae） 木本。有托叶。花托凹陷成杯状；1心皮；子房上位。核果。

桃（*Prunus persica* (L.) Batsch.），小乔木。叶长圆状披针形，边缘有细密锯齿；叶柄有腺体；托叶早落。花单生，先叶开放，淡红色；萼片、花瓣均为5，花萼被短柔毛；雄蕊多数。核果，果核顶端有尖头，表面有弯曲沟槽。

(4) 苹果亚科（Maloideae） 木本。有托叶。心皮2~5，子房下位，与杯状花托愈合。梨果。

① 山楂（*Crataegus pinnatifida* Bunge），枝常有刺。叶宽卵形或三角状卵形，羽状深裂。伞房花序；花白色。果近球形，深红色，有浅色斑点，内有3~5小核。

② 山丁子［*Malus baccata* (L.) Borkh.］，叶卵形或椭圆形，先端尖，边缘具细锐锯齿。伞形花序着生于短枝顶端；花梗细长；花药黄色。梨果球形，较小，红色或黄色，不含石细胞。

（八）豆科（Leguminosae）

蝶形花亚科识别要点：根具根瘤。复叶，少为单叶。蝶形花冠；雄蕊10，二体或分离。荚果（图18-8）。

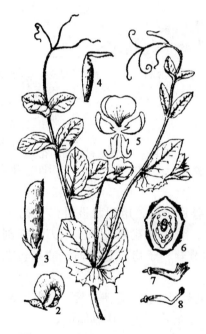

图18-8 豌豆（*Pisum sativum* L.）
1. 植株梢部；2. 花；3. 果实；4. 幼果；5. 花冠；6. 花图式；7. 雄蕊；8. 雌蕊

1. 解剖花

取中间锦鸡儿的花解剖。花萼钟状，有5个萼齿，三角形；花冠黄色，蝶形，上面最大的一片为旗瓣，宽卵形，基部有短爪，两侧有翼瓣2枚，爪长为瓣片的1/2，与旗瓣相对有2枚龙骨瓣，其外侧边缘合生，状如龙骨，具长爪，耳极短；雄蕊10个（注意观察其中9个花丝联合，1个分离，形成二体雄蕊）；雌蕊为一个心皮构成。纵剖子房，注意胚珠着生处，属何种胎座？

2. 观察标本

(1) **蚕豆**（*Vicia faba* L.） 一年生草本。有根瘤。茎近方形。偶数羽状复叶，互生；有托叶。短总状花序；蝶形花冠，白色，旗瓣上有黑紫色条纹，翼瓣上有浓黑色斑纹。荚果。

(2) **披针叶黄华**（*Thermopsis lanceolata* R. Br.） 别名苦豆子、面人眼睛、绞蛆爬、牧马豆，多年生草本。全株被长柔毛。掌状 3 出复叶；小叶倒披针形或矩圆形。花大，黄色；雄蕊 10，分离。荚果条状矩圆形，扁平。

(3) **紫花苜蓿**（*Medicago sativa* L.） 别名紫苜蓿、苜蓿，多年生草本。羽状三出复叶，小叶边缘中部以上有锯齿。短总状花序；花紫色。荚果弯曲，螺旋形。

(4) **柠条锦鸡儿**（*Caragana korshinskii* Kom.） 别名柠条、白柠条、毛条，树皮金黄色，有光泽。小叶 12～16，倒披针形，两面密被绢毛；托叶宿存并硬化成针刺。荚果披针形。

（九）**大戟科**（Euphorbiaceae）

识别要点：多为草本。常含乳汁。单被花或无花被；花序多种。多为蒴果，少浆果、核果。

1. 解剖花

解剖乳浆大戟的花序。它是由多朵雄花及 1 朵雌花组成的杯状聚伞花序，又称大戟花序。杯状总苞黄绿色，顶端 4 裂，腺体 4，新月形。用刀片纵向划开杯状总苞，可见里面有多朵雄花及 1 朵雌花；雌花生于杯状总苞的中央，凸出，有长柄；雄花具 1 枚雄蕊，有柄。用刀片将子房作一横切，可见，雌蕊由 3 心皮合生而成，3 室，每室 1 胚珠。

2. 观察标本

(1) **乳浆大戟**（*Euphorbia esula* L.） 别名猫儿眼、烂疱眼，多年生草本。植物体内具白色乳汁。叶条形或条状披针形。杯状聚伞花序，又称大戟花序。蒴果，光滑。

(2) **蓖麻**（*Ricinus communis* L.） 一年生高大草本。叶掌状裂。圆锥花序；单性同株；雌花居上，雄花居下；为多体雄蕊。果实为密生刺毛的蒴果（图 18-9）。

图 18-9　蓖麻（*Ricinus communis* L.）
1. 花枝；2. 雄花；3. 雌花；4. 子房的横切；5. 种子

（十）葡萄科（Vitaceae）

识别要点：藤本。常具与叶对生之卷须。叶互生；单叶或复叶。花小，两性或单性；通常为聚伞花序或圆锥花序；萼片4～5，分离或基部结合；花瓣与萼片同数，分离或顶部黏合成帽状；雄蕊4～5，与花瓣对生。浆果。

1. 观察标本

葡萄（*Vitis vinifera* L.） 藤本。髓心褐色，树皮无皮孔，片状剥落。具卷须。单叶，叶近圆形或卵形，掌状3～5裂，基部深心形，边缘有粗牙齿。圆锥花序，与叶对生；花小，黄绿色，两性或单性；花瓣上部结合成帽状。浆果较大，形状及颜色因品种不同而多样（图18－10）。

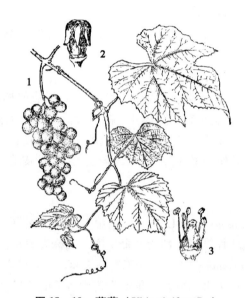

图18－10　葡萄（*Vitis vinifera* L.）
1. 果枝；2. 将开放的花；3. 花冠脱离后示雌蕊、雄蕊和花盘

（十一）伞形科（Umbelliferae）

识别要点：草本。常有芳香气味。茎中空。叶柄基部常扩大成鞘状；复叶或叶分裂，少单叶。伞形或复伞形花序；花部5基数。双悬果。

1. 解剖花

取一朵胡萝卜花解剖。注意萼片及花瓣的数目和形态、雄蕊的数目。雌蕊位于中央，由2个心皮组成。注意观察有几条花柱，其形态如何，是否有花柱基。分别将花纵切与横切，注意子房的位置，有几室，每室有几个胚珠。

将小茴香双悬果的一个分果做横切。注意要尽可能地切完整，切薄。在解剖镜下观察其主棱（背棱、中棱、侧棱）、副棱、维管束、棱槽、油管等结构。

2. 观察标本

（1）胡萝卜（*Daucus carota* L. var. *sativa* Hoffin.） 二年生草本。有芳香气味。根肉质。茎中空。叶柄基部常扩大成鞘状；多回羽状全裂。苞片大型，羽状分裂；复伞形花序；花两性，花部5基数。双悬果，果实被刺与刚毛（图18－11）。

（2）红柴胡（*Bupleurum scorzonerifolium* Willd.） 别名狭叶柴胡，主根表面红棕色。

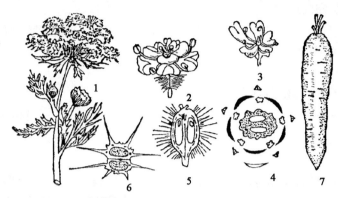

图 18-11　胡萝卜（*Daucus carota* L. var. *sativa* Hoffin.）
1. 花枝；2. 花序中间的花；3. 边花；4. 花图式；
5. 果实的纵切；6. 果实的横切；7. 肥大的直根

茎基部有毛刷状叶鞘残留纤维。叶片条形或披针状条形，全缘，叶脉平行。花两性，黄色；花部5基数。双悬果，果实两侧压扁。

（十二）旋花科（Convolvulaceae）

识别要点：多缠绕性藤本。花部5基数；花冠漏斗状或钟状。蒴果。

观察下列标本：

（1）**田旋花**（*Convolvulus arvensis* L.）　别名箭叶旋花、中国旋花，多年生缠绕性草质藤本。叶卵状矩圆形至披针形，基部戟形、心形或箭形。花萼下的2个苞片小，与花萼远离；萼片5；花冠漏斗状，粉红色；雄蕊5。蒴果卵球形或圆锥形（图18-12）。

图 18-12　田旋花（*Convolvulus arvensis* L.）
1. 植株梢部；2. 花剖面；3、4 叶；5. 花图式

（2）**打碗花**（*Calystegia hederacea* Wall. ex Roxb.）　一年生草本。茎缠绕或平卧。叶片三角状卵形，基部戟形。花下的两个苞片较大，叶状，包围花萼；萼片5；花冠漏斗

状，粉红色。蒴果卵圆形。

(3) 菟丝子（*Cuscuta chinensis* Lam.） 一年生寄生草本。茎黄色，纤细，缠绕。萼片5；花冠白色，壶状或钟形，顶端5裂，裂片向外反折，基部具鳞片5，矩圆形，边缘流苏状。蒴果。

（十三）唇形科（Labiatae）

识别要点：多草本。有香气，含挥发性芳香油。茎四棱柱形。单叶对生或轮生。唇形花冠；二强雄蕊或2枚。4小坚果。

1. 解剖花

解剖细叶益母草的花。花萼管状钟形，具5齿；花冠粉红色，二唇形，上唇直伸，全缘，下唇3裂。用刀片或解剖针纵向划开花冠，可见雄蕊4，前对雄蕊较长，后对较短；子房4全裂，花柱生于子房裂隙基底（图18-13）。

图18-13 细叶益母草（*Leonurus sibiricus* L.）
1. 植株上部；2. 花；3. 花冠展开；4. 雌蕊；5. 小坚果

2. 观察标本

细叶益母草（*Leonurus sibiricus* L.） 草本。茎四棱形。下部叶早落，中部叶轮廓为卵形，叶掌状3全裂，裂片再羽状分裂，小裂片条形。轮伞花序腋生；花冠粉红色或淡紫红色，较大，长1.8~2cm，二唇形，上唇直伸，下唇3裂，上唇比下唇长。小坚果三棱形（图18-13）。

（十四）茄科（Solanaceae）

识别要点：草本或木本。单叶或复叶。花部5基数；花萼宿存；花冠常辐状；雄蕊插生于花冠筒上。蒴果或浆果。

1. 解剖花

解剖青杞的花。花萼浅杯状，5齿裂；花冠蓝紫色，由5个花瓣连合而成辐状；雄蕊

5枚，插生于花冠筒上；雌蕊由2心皮构成，花柱1，柱头2裂，子房上位。若将子房横切可看到子房2室，其中有多数胚珠生于中轴胎座上。

2. 观察标本

(1) 马铃薯（*Solanum tuberosum* L.） 一年生草本。具块茎。奇数羽状复叶，小叶大小相间排列。聚伞花序顶生；花白色或淡紫色。浆果圆球形（图18-14）。

图18-14 马铃薯（*Solanum tuberosum* L.）
1. 植株上部；2. 块茎；3. 花图式；4. 花

(2) **番茄**（*Lycopersicon esculentum* Mill.） 一年生草本。叶互生；羽状复叶，小叶大小不等，常5~9枚，卵形或矩圆形。聚伞花序腋外生；花萼辐状，5~7裂；花冠辐状，黄色，5~7深裂；雄蕊5~7，插生于花冠喉部，花药靠合成圆锥状。浆果扁球形或近球形，成熟后红色或黄色。

(3) **枸杞**（*Lycium chinensis* Mill.） 别名山枸杞、白疙针，灌木，多分枝，有棘刺。叶卵形、卵状菱形、长椭圆形或卵状披针形。花常1~2（~5）朵簇生于短枝上；花萼通常3中裂或4~5齿裂；花冠漏斗状，紫色，先端5裂，花冠筒部明显较裂片短，裂片边缘具密缘毛。浆果红色。

(4) **龙葵**（*Solanum nigrum* L.） 一年生草本。叶卵形，全缘或具不规则的波状粗齿。短蝎尾状聚伞花序；花冠白色，辐状。浆果小，球形，熟时黑色。

(十五) 葫芦科（Cucurbitaceae）

识别要点：草质藤本。具茎卷须。叶互生；掌状分裂。花单性同株，少异株；花药折叠。瓠果。

1. 解剖花

取黄瓜的雌、雄花解剖。注意花萼、花冠的形态，雄蕊的数目及生长情况，花药是否扭曲，雌蕊子房位置属于什么类型。用刀片将子房作横切，观察其心皮数目及胎座类型（图18-15）。

2. 观察标本

黄瓜（*Cucumis sativus* L.） 一年生草质藤本。茎卷须不分叉。叶有柄，掌状浅裂，裂片锐三角形；有毛。花单性，黄色，雌雄同株；雄花数朵簇生；雌花常单生。瓠果圆柱形，有刺（图18-15）。

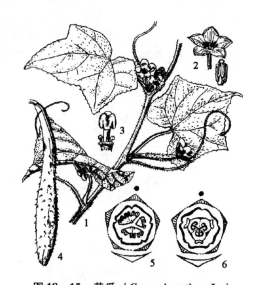

图 18-15　黄瓜（*Cucumis sativus* L.）
1. 花枝；2. 雄花及雄蕊；3. 柱头及花柱；4. 果实；5. 雄花花图式；6. 雌花花图式

（十六）菊科（Compositae）

识别要点：多为草本。有的有乳汁。头状花序；花5基数；萼片通常变为冠毛；花冠管状或舌状；聚药雄蕊。瘦果，常有冠毛。

1. 解剖

取一部分向日葵的头状花序进行仔细观察。在整个花序的外面有数层总苞片；总苞以内有一圈大型、黄色的舌状花；在舌状花以内的全部为小型的管状花，将盘花的一部分去掉，在扁平的花托上可以看到一些纵立的膜片，这些膜片叫托片。再取一朵管状花。先从侧面观，可以清楚的分为以下几部分：最下为下位子房；子房的顶端两侧有2片退化的鳞片状的萼片（大多数菊科植物的萼片变成毛状称冠毛），称鳞片状冠毛；上部为管状花冠，是由5个花瓣连合而成，5齿裂。将管状花剖开，在花的最中央是雌蕊，柱头2裂。在花柱的周围可见到黑色的花药，花药彼此联合成筒状，围绕着花柱，花药下部的花丝彼此分离，这一结构称做聚药雄蕊。再取下一朵舌状花观察，则见它仅有花被，而无雌蕊与雄蕊（图18-16）。

取蒲公英的头状花序观察。头状花序最外面具2~3层总苞片，总苞片草质，先端具角状突起。将花序纵切为二，可见所有的花均为同形的舌状花，花序托不具托片。取一朵小花观察，花冠舌状，舌片前端有5个小齿；子房上部具冠毛。剖开舌状花的花冠筒，可见到雄蕊5枚，为聚药雄蕊；雌蕊由2心皮构成，柱头2裂，子房下位（图18-17）。

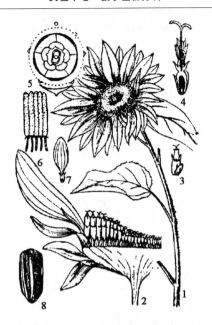

图 18-16 向日葵（*Heliathus annuus* L.）
1. 植株上部；2. 花序纵切；3. 管状花；4. 管状花纵切；5. 花图式；6. 聚药雄蕊；7. 舌状花；8. 果实

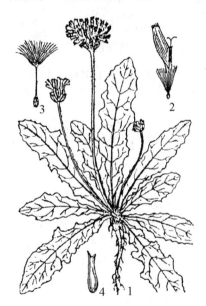

图 18-17 蒲公英（*Taraxacum mongolicum* Hand.-Mazz.）
1. 植株；2. 舌状花；3. 果实与冠毛；4. 总苞片

2. 观察标本

（1）**管状花亚科**（Carduoideae） 头状花序全部为管状花；或盘花管状，缘花舌状。植物体无乳汁。

向日葵（*Heliathus annuus* L.） 一年生高大草本。全株具粗毛。茎直立，常不分枝。单叶，具长柄。头状花序大，直径 10~30cm，常下倾。瘦果矩圆形或倒卵形，长 10~15mm（图 18-16）。

（2）**舌状花亚科**（Cichorioideae） 植物体有乳汁。头状花序全部为舌状花。

蒲公英（*Taraxacum mongolicum* Hand.-Mazz.） 别名婆婆丁、姑姑英，多年生草本。叶基生，倒卵状披针形、矩圆状披针形或倒披针形，边缘倒向羽状深裂或大头羽状深裂、羽状深裂或仅具波状齿。花葶数个，头状花序单生于花葶上；花全部舌状，黄色。瘦果褐色，上半部具小刺，下部具成行排列的鳞状小瘤，具长喙；冠毛毛状（图18-17）。

（十七）百合科（Liliaceae）

识别要点：多为草本。具根状茎、鳞茎、球茎。花为3基数；花被片6，花瓣状排成2轮；雄蕊常6枚与花被对生；子房上位，常3室。蒴果或浆果（图18-18）。

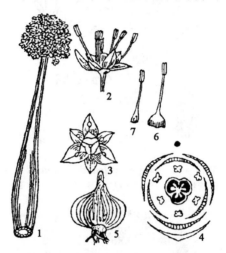

图18-18 洋葱（*Allium cepa* L.）
1. 花序；2. 花；3. 花的正面；4. 花图式；5. 鳞茎；6. 内轮雄蕊；7. 外轮雄蕊

1. 解剖花

解剖葱的花。花被片6，2轮，外轮稍短于内轮；雄蕊6，2轮，花丝长于花被片；子房上位。将子房作一横切，可见子房3室，中轴胎座。

2. 观察标本

（1）葱（*Allium fistulosum* L.） 鳞茎圆柱形；鳞茎外皮膜质。叶基生，圆筒形，中空，被白粉。花葶粗壮中空，中部膨大。注意其花序为何类型，花序外具白色膜质总苞片。

（2）黄精（*Polygonatum sibiricum* Delar. ex Redoute） 具根状茎。叶轮生，叶先端攀卷或弯曲呈钩形；平行脉。花被片合生成筒状钟形。浆果。

（3）玉竹（*Polygonatum odoratum* (Mill.) Drauce） 具根状茎。叶互生，椭圆形至卵状矩圆形，长6~15cm，宽3~5cm；弧形脉。花序具1~3花，腋生；花被片合生成筒状钟形。浆果。

（4）黄花菜（*Hemercollis citrina* Baroni） 别名金针菜，具根状茎。根中、下部膨大呈纺锤状。叶基生，带状。花3朵或多数；花被片下部连合成管状，花被管长3~5厘米。蒴果。

（5）山丹（*Lilium pumilum* DC.） 别名细叶百合，具鳞茎。茎密被小乳头状突起。叶条形。花大，鲜红色，下垂；花被片反卷。蒴果。

（十八）禾本科（Gramineae）

识别要点：秆常圆筒形，有明显的节间，节间常中空。叶2行排列，叶鞘常开裂；叶片与叶鞘交接处常有叶舌与叶耳。由小穗组成各种花序。颖果。

1. 解剖

取小麦穗观察。小麦为复穗状花序，小穗无柄，着生于穗轴的每一节上。注意观察在每节穗轴上着生几个小穗，小穗是两侧压扁，还是背腹压扁。用镊子从花序上取一个小穗，从外稃至内稃仔细观察。可见到小穗的基部有 2 片宽而厚的颖片（注意第一颖与第二颖的区别），内有 3~5 朵小花。通常最下面的 2~3 朵发育，上面的小花不发育。再从小穗中取出一朵发育的小花解剖观察。可见小花外有外稃、内稃各 1 片，外稃先端具有芒，内稃质薄；内稃的腹部基部有 2 枚浆片，3 枚雄蕊和 1 枚雌蕊；雌蕊由 2 心皮组成；柱头羽毛状（图 18-19）。

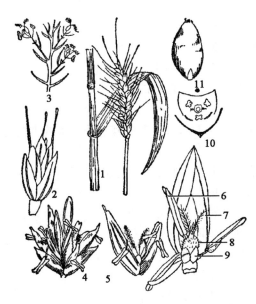

图 18-19 小麦（*Triticum aestivum* L.）
1. 植株的一部分及花序；2. 小穗；3. 小穗的模式图；4. 开花的小穗；
5. 小花；6. 雄蕊；7. 柱头；8. 子房；9. 浆片；10. 花图式；11. 颖果

2. 观察标本

（1）**小麦**（*Triticum aestivum* L.） 一年生草本。叶有明显的叶片与叶鞘，二者之间有叶耳与叶舌。复穗状花序直立，顶生；小穗无柄，每节单生，含 3~5 小花，两侧压扁，侧面对向穗轴；颖卵形，与稃体分离（图 18-19）。

（2）**大麦**（*Hordeum vulgare* L.） 一年生草本。穗轴每节生 3 枚小穗，均完全发育；小穗无柄，含 1 朵小花，成熟时穗轴不逐节断落。颖果与稃体黏着，不易分离。

（3）**玉蜀黍**（*Zea mays* L.） 一年生草本。植物体高大。秆实心。花单性，雌雄同株，雄花集生成圆锥花序，顶生；小穗成对着生，其中一个具短柄，另一个具长柄。小穗外具有 2 个颖片，颖内有 1~2 朵雄花；每朵雄花外有膜质的外稃和内稃，内有 2 枚浆片和 3 枚雄蕊。雌花序集成肉穗花序，花序外有若干片互相重叠的苞叶；苞叶内的花序轴上，纵向排列着成对雌小穗；每一雌小穗外包被两片颖片，内含一朵残留外稃和内稃的退化花和一朵可结实的雌花；雌花外有外稃和内稃，里面有 1 雌蕊；花柱细长呈丝状，柱头有毛，顶端二裂。

（4）**燕麦**（*Avena sativa* L.） 一年生草本。圆锥花序开展；小穗含 1~2 小花；小穗轴不易断落，小穗柄弯曲下垂；颖草质，长于下部小花，2颖近等长；外稃无毛，第二外稃通常无芒。

（5）**赖草** [*Leymus dasystachys* (Trin.) Neveski] 具根状茎。基部叶鞘残留呈纤维状。秆上部密生柔毛。穗状花序直立，小穗通常2~4枚着生于穗轴每节；每小穗含4~7（10）小花；小穗轴贴生微柔毛；颖锥状，具1脉；外稃被短柔毛。

（6）**狗尾草** [*Setaria viridis* (L.) Beauv.] 别名毛莠莠，一年生草本。圆锥花序紧缩呈圆柱状；小穗2至数枚簇生于缩短的分枝上；小穗下托以刚毛1~6条，小穗脱落时附于其下的刚毛仍宿存在花序轴上。

四、作业与思考

①绘杨属、柳属雌、雄花解剖图。
②比较小叶杨与旱柳的不同。
③绘藜的花部解剖图，注明各部名称。
④比较猪毛菜、角果碱蓬、藜、地肤的异同。
⑤绘油菜花的解剖图。
⑥列表比较油菜、独行菜、遏蓝菜、荠的叶、花、果的主要特征。
⑦绘单瓣黄刺玫花的解剖图。
⑧将土庄绣线菊、单瓣黄刺玫、桃、山楂、山丁子编一个分种检索表。
⑨绘中间锦鸡儿花的解剖图。
⑩将披针叶黄华、紫花苜蓿、柠条锦鸡儿、蚕豆编制检索表。
⑪比较乳浆大戟与蓖麻的异同点。
⑫绘小茴香分果的横切面图，注明各部分名称。
⑬比较田旋花与打碗花的不同。
⑭绘青杞花的解剖图，注明各部分名称。
⑮列表比较马铃薯、番茄、枸杞、龙葵的主要特征。
⑯绘向日葵管状花解剖图，注明各部分名称。
⑰绘蒲公英舌状花的解剖图，注明各部分名称。
⑱绘葱花的解剖图，注明各部分名称。
⑲比较葱、山丹、黄精、玉竹、黄花菜的异同。
⑳绘小麦小穗及小花结构图，注明各部分名称。
㉑比较小麦与大麦的异同点。
㉒总结十字花科的主要特征。
㉓总结藜科的主要特征。
㉔总结豆科的主要特征。
㉕总结茄科的主要特征。
㉖总结菊科的主要特征。
㉗总结禾本科的主要特征。
㉘编制一个蔷薇科分亚科的检索表。
㉙任选7个种，编写分科检索表。
㉚利用检索表，将指导教师指定的几种植物，鉴定到科、属。

实验十八　利用工具书鉴定一定区域内的植物

一、目的与要求

通过对校园及周边公园、绿地植物的调查研究，使学生掌握观察和研究区域植物及其分类的基本方法，为以后的野外实习做准备。

二、材料与用品

1. 实验器材

标本夹，采集镐，枝剪，放大镜，解剖镜，镊子，解剖针等。

2. 实验材料

一定区域或范围内的未知植物。

3. 工具书

《中国高等植物图鉴》《中国高等植物》《中国植物志》《中国种子植物科属检索表》《中国种子植物科属词典》及各种地方植物志、区域植物检索表、不同经济用途植物的检索表等工具书。

三、内容与方法

调查、鉴定校园及周边公园、绿地植物的种类。

第一步，采集植物。采花、果、叶、根等具备的完整标本。采下的植物在拴好号牌、做好野外记录后，应马上压入标本夹内。植物间用吸水纸隔开。在当日回来后，用干纸更换标本夹内的湿纸，并整理 1 次。整理时要使花、叶展平，姿势美观，不使多数叶片重叠，要压正面叶片，也要压反面叶片。落下来的花、果或叶片，要用纸袋装起，袋外写上该标本的采集号，与标本放在一起。次日换干纸时，须再行细加工整理标本，以后每日均要换干纸最少 1 次，并应随时再加整理。

第二步，对所调查的植物进行仔细解剖，并用植物形态学术语进行描述。植物形态特征的观察应起始于根（或茎的基部），结束于花、果实或种子。先用眼睛进行整体观察，细微、重要部分须借助放大镜或解剖镜观察。

第三步，查阅检索表、植物志、植物图鉴等工具书。先查分科检索表，检索到科，对照植物志或科属词典将植物的形态特征与科的描述进行对照，确定所查植物的确为该科植物；然后利用分属检索表检索到属。同样地，对照科属词典将植物的特征与属的形态学描述进行对照，确定无误后用分种检索表检索到种。将工具书上所描述的植物形态与手头的植物形态进行比对，当其形态学描述完全相符时，才算真正做到了对未知植物的鉴定。

四、作业与思考

①写出所调查区域的植物名录。

②试对所调查区域内的植物种类分布特性、群落组合与其生境间的相互关系作简单的评析。

③写出几种植物的检索过程。